Heide 6.2.04

ZU DIESEM BUCH:

Der Schreiber der vorliegenden Feldpostbriefe, mein 1981 verstorbener Vater, war als hoher Heeresrichter (Oberstkriegsgerichtsrat) an zentralen Stellen der Russlandfronten eingesetzt und berichtet spannend und anschaulich über seine richterliche Tätigkeit, die Kameradschaft in der Truppe, das Leiden der polnischen und russischen Zivilbevölkerung, das schwere Schicksal der Ostjuden und – in vorsichtigen Andeutungen – über den sich nach der Katastrophe von Stalingrad formierenden Widerstand der Attentäter vom 20. Juli 44, denen er menschlich und moralisch nahe stand.

Breiten Raum nimmt in seinen Briefen die Sorge um seine junge Familie ein, die einen schweren Bombenangriff auf Stuttgart überlebte. Seine Zeilen an die Ehefrau lesen sich weithin wie ein zärtlicher Liebesroman.

Knappe Einschübe meinerseits erläutern zeitgeschichtliche und militärische Hintergründe. Den erzählerischen Rahmen bildet die Schilderung einer engen, aber spannungsreichen Vater-Tochter-Beziehung. Sie war von den Lebensmaximen einer großbürgerlichen Familie geprägt, die sorgsam einige „Leichen im Keller" hütete.

Marlis Claas

Ein Heeresrichter im Russlandkrieg

Die Feldpostbriefe meines Vaters (1941–1945)

FRIELING

Die Schreibweise in diesem Buch entspricht den Regeln
der neuen Rechtschreibung.

Bibliographische Information der Deutschen Bibliothek
Die Deutsche Bibliothek verzeichnet diese Publikation in der
Deutschen Nationalbibliografie; detaillierte bibliografische Daten
sind im Internet über http://dnb.ddb.de abrufbar.

© Frieling & Partner GmbH Berlin
Hünefeldzeile 18, D-12247 Berlin-Steglitz
Telefon: 0 30 / 76 69 99-0

ISBN 3-8280-1987-0
1. Auflage 2003
Umschlaggestaltung: Michael Reichmuth
Satz: Satz- und Verlagsservice Ulrich Bogun, Berlin
Sämtliche Rechte vorbehalten
Printed in Germany

„Wer spricht vom Siegen?

Überstehn ist alles."

Rainer Maria Rilke

Vorwort

Dreizehn Jahre vergingen, ehe ich neugierig wurde.

So lange blieb der Karton mit den Feldpostbriefen meines Vaters, den ich im Nachlass meiner Mutter gefunden hatte, ungeöffnet. Es ging mir wie den meisten Deutschen: Die Gemengelage von Schuld und Schicksal, die die Jahre des Nationalsozialismus uns hinterlassen hat, verursachte mir Abwehr, ja Unbehagen.

Vielleicht braucht es mehr als ein halbes Jahrhundert, um sich diesen Schicksalsjahren der Deutschen unbefangen zu nähern; sie „sine ira et studio", also *historisch* einordnen zu lernen. Viele aktuelle Publikationen – auch das Fernsehen – nähren diese Vermutung. Dieses kleine Buch möchte einen Beitrag dazu leisten.

Ich danke dem Bundesarchiv in Aachen und dem Institut für Zeitgeschichte in München für wertvolles Quellen- und Informationsmaterial. Und ich danke meinem Mann für seine Geduld.

Marlis Claas
Schliersee, im Mai 2003

Er lag ganz ruhig, als sein Atem verlosch. Das Gesicht so weiß wie die Laken und Kissen ringsum, der Kopf mit der glatten Stirn und dem festen Haar vom Sterben ungezeichnet. Nichts schien uns mühsam; der Tod kam als gelinde Macht. Keiner von uns weinte, ich nicht und auch meine Mutter nicht, seine Frau.

Er wurde 81. Ob er wusste, dass seine Krankheit tödlich war, hat er nie geäußert. Er starb vor unseren Augen, wie er gelebt hatte, ohne Aufbäumen und Aufhebens – alles Dramatische lag ihm fern: mein Vater.

Ich habe damals kaum um ihn getrauert, ihn nicht einmal wirklich vermisst. Gründe dafür gab es einige. Ein halbes Jahr vor seinem Tod war ich Witwe geworden, ganz plötzlich; mein Vorrat an Trauer war aufgebraucht, und mein Vater war mir kein Trost gewesen in dieser Zeit. Er regelte – sicher in bester Absicht – ohne mein Wissen wichtige Testamentsfragen, sein Juristen-Verstand trieb ihn wohl dazu. Damals war ich empört über seine Eigenmächtigkeit, erst später erkannte ich, wie Recht er in allem gehabt hatte – aber nur mit dem Verstand, nicht mit dem Herzen. Ob er aus Liebe zu mir gehandelt hatte, verriet er nicht. Hätte ich es ahnen können, ahnen sollen?

Er war Jahrgang 1900, „von der Toilette", wie er manchmal spottete, eine seiner eher seltenen humorigen Anmerkungen. Großvater hatte als Schulrektor und Kantor in einem Städtchen im Weserbergland gelebt. An ihn kann ich mich nicht erinnern, er starb, als ich sehr klein war. Warmherzig und lebensfroh sei er gewesen, erzählte man mir – ganz anders als Großmutter Emma, eine strenge, von Dauerhusten geplagte Frau im schwarzen Raschelkleid, vor der ich schreiend floh, als sie mich zu sich auf den Schoß ziehen wollte. Das war 1942 und gehört zu meinen frühesten Kindheitsschrecken.

Mein Vater war ein Nachkömmling, er hatte vier ältere Geschwister. Zwei Brüder starben als Kinder bei einer Diphtherie-Epidemie; der Bruder Rudolf, Liebling der Eltern, fiel 1918 als junger Arzt in Frankreich. Und dann war da noch die acht Jahre ältere Schwester Hedwig, meine geliebte „Hedeltante". Ein vitales Kraftpaket, explosiv, tatenfroh und gefühlsbeladen. Ihre Ausbrüche gegen den verhassten „Führer" Adolf Hitler waren gefürchtet bei der Familie. Mit dreiundvierzig heiratete sie einen Bauern, der früh starb, und fand so ihre Lebensaufgabe. Ihre Würste und Schinken aus nächtlicher Schlachtung, die heimlich abgefettete Sahne, mit Marmelade zu einer unvergesslichen Köstlichkeit verrührt, halfen mir spindeldürrem Kriegskind beim Überleben. Wenn sie mich knautschte und knuddelte, schrie ich vor Vergnügen; sehr gut kann ich mich an erste erotische Empfindungen erinnern. So handfeste Zärtlichkeiten wären meinen Eltern unmöglich gewesen.

Die Oberschulzeit verbrachte mein Vater in einem Gymnasium der nahen Kreisstadt. Ein Jahr vor dem Ende des ersten Weltkrieges wurde er eingezogen und fand sich nach dem Notabitur als Siebzehnjähriger in den flandrischen Schützengräben wieder. Als Einziger von neun Mitschülern kam er lebend zurück.

Er wäre gerne Arzt geworden – am liebsten Chirurg wie sein gefallener Bruder – aber er hielt sich für ungeschickt und wählte die Juristerei. Als er 1933 eine Stelle als Amtsrichter in einem kleinen Ort bei Braunschweig antrat, fiel schon der lange Schatten der Nazis über das Land. Der örtliche Parteisekretär verlangte von ihm, einen Mann als Dieb zu verurteilen, der den neuen Machthabern missliebig war. Mein Vater weigerte sich, an einer Rechtsbeugung mitzuwirken; es kam zum Eklat. Doch dann bot sich ihm ein Ausweg: Im Sommer 1935 wurde er in die Heeresjustiz aufgenommen, die in dem Ruf stand, weniger hitlerhörig zu sein als viele andere staatliche Organisationen.

Rudolf Meier-Branecke (gefallen 1918) mit seiner Schwester Hedwig um 1905

*Hedwig Meier-Branecke, unsere „Hedeltante",
als Hilfs-Schwester im Ersten Weltkrieg*

Hans Meier-Branecke als Präside seiner Studenten-Verbindung 1922

Goldene Hochzeit der Großeltern Meier-Branecke 1934

Großvater Meier-Branecke 1938 als Kantor an der Orgel der Kirche in Stadtoldendorf

Erleichterung und Jubel über diese Wendung waren unbeschreiblich in der Familie; wären doch sonst Repressalien oder sogar Berufsverbot als Richter unausweichlich gewesen.

In einem Brief seiner Schwester Hedwig vom 2. November 1935 wird das deutlich: „Mein lieber, lieber Hans, diese Überraschung und Freude – die Tränen stürzten mir aus den Augen, als heute morgen dein Telegramm kam! Ihr glaubt ja gar nicht, wie glücklich ich mit euch bin, dass ihr nun der bedrückenden Enge des Braunschweiger Landes entfliehen könnt. Auch die Eltern strahlen vor Erleichterung und Glück ...“

Zuvor hatte der Kandidat, wie damals unerlässlich, den „Arier-Nachweis“ zu erbringen und eine Tauglichkeitsuntersuchung zu absolvieren, bei der sein Alkohol- und Nikotinmissbrauch als „mäßig“ und sein körperlicher Zustand als „kräftig und muskelstark“ befunden wurden.

Zwei Jahre zuvor hatte er sich verheiratet. Der Dreiunddreißigjährige lernte unsere Mutter, eine zarte, zwölf Jahre jüngere Blondine mit schwermütigen braunen Augen, bei einem Tanzfest kennen und war sofort hingerissen. Der mitgebrachte Freund warnte kühl: „Reizendes Mädchen, gute Familie, hat aber nix!“ Doch meinen Vater ließen die inflationsbedingt verschlechterten Lebensumstände seiner Angebeteten kalt – acht Wochen später wurde Verlobung gefeiert. Nie hatte die Familie ein verliebteres Paar gesehen. „Edeltraud saß fast immer auf seinem Schoß“, schwärmten die Verwandten noch nach Jahrzehnten, und es schien mir später manchmal, als hätte die Rolle als ewiges Liebespaar ihnen verwehrt, auseinander laufende Entwicklungslinien auszuleben oder auch nur auszusprechen.

1935 wurde meine Schwester Renate geboren, kurz bevor die junge Familie nach Magdeburg umzog, wohin mein Vater als Kriegsgerichtsrat zum Gericht des Infanterieführers IV, Generalmajor Otto, kommandiert worden war. Dort kam 1938 ich

Edeltraud Hild, unsere Mutter, im Jahr 1919

Norderney 1924: unsere Mutter Edeltraud als Bade-Nixe

Unsere Mutter 1924 vor dem großelterlichen Haus in Braunschweig

Verlobung im Juni 1933. Von li.: Brautmutter Elfriede Hild mit Mann und Sohn Hans-Herbert, im Vordergrund das Brautpaar

Hochzeitsreise nach Lugano, Oktober 1933

zur Welt, ein pflegeleichtes Kind, das bald den Kosenamen „Marliebchen" bekam und sich durch kräftigen Appetit und stabile Nerven auszeichnete.

Dass Krieg in der Luft lag, ließ sich nun mit Händen greifen. Die Wiedereinführung der Wehrpflicht im Jahr 1935, der Anschluss Österreichs und des Sudetenlandes 1938 und die Zerschlagung der Tschechoslowakei waren deutliche Warnzeichen. Auch mein Vater, erst achtzehn Jahre zuvor dem Grauen der Schützengräben entronnen, wurde erneut zu Wehrübungen einberufen, wobei er es vom Feldwebel zum Leutnant der Reserve brachte. Nachzulesen ist seine Beurteilung in den Akten des Bundesarchivs in Aachen, in denen sämtliche berufsrelevanten Daten meines Vaters von 1935 bis 1945 gesammelt und archiviert worden sind – ein Konvolut von über 200 Seiten.

Fünfzehn Monate später brach der Zweite Weltkrieg aus. Innerhalb von kaum zwei Jahren annektierte Hitler große Teile Westpolens, überfiel Dänemark und Norwegen, besetzte Holland, Belgien und Teile Frankreichs und zwang die Engländer zum – vorläufigen – Rückzug vom Festland. Nachdem die Sowjets schon im September 1939 in Ostpolen einmarschiert waren, ging Hitler im Juni 1941 daran, seine langgehegten Träume vom „Lebensraum im Osten" zu verwirklichen. Ohne Kriegserklärung überschritten deutsche Truppen am 22. Juni 1941 die sowjetische Grenze und stießen tief in russisches Gebiet vor. In gigantischen Kesselschlachten wurden 800000 russische Gefangene gemacht; schon im August stand die Heeresgruppe Nord vor Leningrad. Das Ziel des „Unternehmens Barbarossa" schien in greifbare Nähe gerückt: Russland von der Ostsee abzuschneiden und im Süden die begehrte ukrainische „Kornkammer", dazu das Donez-Gebiet mit seinem Öl- und Erzreichtum und den Rüstungsindustrien in die Hand zu bekommen.

Hans Meier-Branecke, 2. v. l., als Feldwebel der Reserve bei einer Panzer-Abwehr-Übung 1938 in Potsdam

Potsdam , den 20.6. 19 38.

Beurteilung*)

des   Feldw.d.R.u.R.O.A.   Meier-Branecke

a) **Geistige und körperliche Veranlagung:** sehr gute geistige Anlagen; M. ist ein bes. gut veranlagter Sportsmann und passionierter Soldat.

b) **Charaktereigenschaften:** gereifte Führerpersönlichkeit mit ausgezeichneten Charakteranlagen, als guter Kamerad sehr geschätzt, in der Behandlung von Untergebenen bes. geschickt.

c) **In welcher Stelle Dienst getan:** als B.Uffz. u.Zugführer.
(z. B. Schütze — Melder — Richtschütze — Gruppenführer — Beschlagschmied — Kraftfahrer (hierbei Art des Fahrzeuges angeben)

d) **Besondere Ausbildung:** M.-Br. ist Kriegsgerichtsrat beim Kriegsgericht d. 13.Div.
(z. B. Meßmann — Richtkreis-Uffz. — Krankenträger — Beschlagschmiedlehrgang — Mil. Führerschein [Klasse])

e) **Dienstliche Kenntnisse und Leistungen:** Seine sehr guten militärischen Kenntnisse und takt. Leistungen befähigen ihn in jeder Beziehung, mit prakt. Erfolg einen Pz.Abw.Zug selbständig zu führen.

f) **Führung:** „ Vorzüglich "

g) **Eignung:** 1. zur Beförderung zum nächsthöheren Dienstgrad: Ja, Meier-Branecke ist

2. zur Ernennung: zum Zugführer und damit zum Res.Offz. hervorragend geeignet.
(z. B. Uffz. Anw. d. R. — Res. Offz. Anw.)

3. für welche Verwendung:
(z. B. Zugführer — Futtermeister — Bekleidungs-Feldwebel — Beschlagschmiedunteroffizier).

Einverstanden !
Volle Eignung zum Offz.i.B. Anstellung als
Leutnant d.Res.bei Panz.Abw.Abt.23 erwünscht.

Potsdam, den 24.   gez. Büschen.
(Unterschrift des Dstt. Vorgesetzten)
Hauptmann u.Komp.-Chef.

*) Zur Vervollständigung und zum Abschließen der Beurteilung kann auch die Rückseite benutzt werden.

32b. 6. 37. Kroll & Straus, Berlin SO 36
Din A 4

Unser Vater 1938 als Heeresrichter in Magdeburg

Aus den Monaten der Eroberung der ehemals polnischen, jetzt russisch besetzten Gebiete datieren die ersten Feldpostbriefe meines Vaters. Er war, inzwischen Oberkriegsgerichtsrat, als „fliegender Armeerichter" ins Kriegsgebiet geschickt worden; in seinen Arbeitsbereich fielen disziplinarische Vergehen der eigenen Truppe – wie Feigheit, Fahnenflucht, Selbstverstümmelung, Sabotage – alles, was damals in dem altertümlichen Begriff der fehlenden „Manneszucht" zusammengefasst wurde. Ortsangaben fehlen bei fast allen Briefen aus dem Felde, wohl aus Geheimhaltungsgründen waren solche „kriegswichtigen" Angaben verboten.

Mein liebstes Herz!

Nach abenteuerlicher zehnstündiger Fahrt, die ganze Nacht hindurch, bin ich heute bei meiner neuen Dienststelle eingetroffen. Mein erster Eindruck ist günstig. Hier geht es für uns Zivilisten richtig zünftig zu; wir leben genauso wie die Truppe, obwohl wir ja hinter der Front liegen. Man macht den Dienst meist im Liegen; es ist wie „Wallensteins Lager“, denn Sitzgelegenheit besteht kaum, da unsere Abteilung keine Klappstühle mitführt. Auch das Essen wird im Liegen eingenommen. Es ist gut, dass ich das einmal kennen lerne! Schlimm ist nur die Hitze. Die Sonne sengt erbarmungslos, und unser General hat allgemein verboten, Dienst in der Badehose zu tun oder in Hemdsärmeln, weil die marschierende Infanterie daran Anstoß nehmen könnte. Nachts wird es gottlob kühl, und wenn die Mücken es zulassen, werde ich außerhalb des Zeltes im Freien schlafen.

Die Nacht davor verbrachten wir in einer Apotheke; das Häuschen schien uns nicht ungezieferverdächtig. Wie sich herausstellte, sind die Apotheker Juden; die einheimische Bevölkerung bringt anscheinend kaum Intelligenz hervor. Vorn der Apothekerladen sieht fast aus wie eine deutsche Landapotheke. Aber hinten dieser Schmutz! Die Küche von einem unvorstellbaren Dreck und Durcheinander, das „Klo“ kaum zu betreten. Auch in unserem Zimmer sah es böse aus, aber wenn man selbst verdreckt ist, stört das nicht weiter. Der Apotheker als Jude fürchtet sehr für seine Zukunft. Viel jüdisches Flüchtlingselend sieht man hier auf den Straßen, zumal auch die einheimische Bevölkerung antisemitisch denkt. Von den Russen haben sie Fürchterliches erdulden müssen; vor allem haben sie bei ihrem Abzug fast alle

Männer fortgeschleppt. Die Apotheke haben die Russen verstaatlicht, der Apotheker musste die Einnahmen täglich auf der Post einzahlen. Als Gehalt bezog er monatlich 490 Rubel = 49 Reichsmark*, wovon die vierköpfige Familie gerade ihr Leben fristen kann, weil Lebensmittel hier sehr billig sind. Wir freuen uns hier alle, dass der Russenkrieg so schnell, leicht und erfolgreich verläuft. Hier lebt man ja nicht gerade wie „Gott in Frankreich". Waschen und Rasieren meist mit Bachwasser – es muss auch so gehen. Den Eltern werde ich aber nicht vom „zünftigen" Leben berichten, weil sie sich sonst meinen Einsatz zu frontnah vorstellen. Da hierzu – schon in Folge des kümmerlichen Widerstandes der Russen, des Fehlens jeglicher Luftgefahr und der weit vor den Frontdivisionen operierenden Panzer – keinerlei Veranlassung besteht, will ich dir's ruhig schildern, wie es ist. Wir hören zwar das Artilleriefeuer vorn, aber das ist auch alles. Der hier eigentlich zuständige Kriegsgerichtsrat ist während des Russenkrieges auf eigenen Wunsch als Leutnant eingesetzt, und ich vertrete ihn hier. Ich nehme an, dass mein Kommando noch bis Ende August dauert; Näheres weiß ich noch nicht. Wo steckt Ihr nur, und wie geht es den beiden Süßen? Wann werde ich endlich Post von dir haben? Seit Mitte Juni weiß ich nichts von dir. Schrecklich quälender Zustand!

   In Sehnsucht und Liebe
   dein Hans

---

* 49 RM = 150 Euro

Liebste Traudel,

immer noch bleibt Post von dir aus, ich habe vier Wochen nichts von dir gehört! Natürlich hängt das mit dem Wechsel meines Kommandos zusammen, aber trotzdem macht es mich sehr traurig. Sobald die Operationen hier zu einem gewissen Abschluss gekommen sind, komme ich natürlich zurück. Wir rechnen hier allgemein damit, dass Mitte August die Rote Armee völlig versprengt, Petersburg und Moskau besetzt sowie der größte Teil des europäischen Russland erobert ist und somit die Rücktransporte beginnen können. Da dann auch die Eisenbahnen wieder intakt sein werden, steht auch meiner Rückreise nichts mehr im Wege. Schrieb ich schon von meiner ersten größeren Verhandlung im Regen? Der Stab liegt aus Sicherheitsgründen grundsätzlich nicht in Orten, sondern in Waldstücken oder Parks und Gärten. Die Häuser könnte man sowieso nicht betreten, da fast alle zerschossen sind. Infolgedessen zelten wir. Die „Sitzung" im Regen haben wir so aufgezogen, dass wir unseren Viersitzer-Opel und den Wagen des beisitzenden Majors in einem Meter Entfernung nebeneinander stellten, Fenster herunterkurbelten, den Angeklagten und die Zeugen zwischen die Autos. So wurden 5 Jahre Zuchthaus wegen Feigheit verhängt. Von den Kämpfen merken wir wenig, die Russen scheinen in unserer Gegend kaum noch Truppen zu haben, bis auf versprengte Heckenschützen. Unsere Infanterie marschiert unentwegt. – Nun müsst Ihr Marliebchens dritten Geburtstag heute ohne mich feiern. Aber der Krieg ist ja bald vorbei, und dann wird alles nachgeholt. Gib unserer kleinen Süßen in meinem Namen viele Küsschen und sag ihr, dass sie immer unser Sonnenschein bleiben soll!

    In sehnsüchtiger Liebe grüßt euch alle
    dein Hans

Tochter Marlis, genannt „Marliebchen," Ostern 1940

Mein geliebter Schatz,

gestern sind wir 100 km vorgerückt; es war eine schwierige
Fahrt. An vielen Stellen noch Spuren der Kämpfe mit russischen Nachhuten, die sich an den Straßen und in größeren
Ortschaften abgespielt hatten. Die Städte sind großenteils
abgebrannt. An den Straßen sah man viele frische Soldaten-
gräber, zerschossene Geschütze und Fahrzeuge, ab und zu
tote Pferde und tote Russen. Heute erwarten wir die Sonder-
meldung über die Operationen der letzten Woche. Wie man
hört, befinden sich große Teile der Roten Armee schon in
Auflösung. Vielleicht gelingen große Umfassungen, und vielleicht sind wir in 2–3 Wochen schon in Moskau. Unvorstell-
bar sind die Nachschubtransporte auf den Hauptstraßen.
Wir haben wohl mehrere hundert schwere Lastzüge überholt.
Ein riesenhafter Apparat und eine ungeheure Organisa-
tion. –

Nun haben wir bald schon zwei Jahre Krieg, und wir sind
so entsetzlich lange getrennt. Wenn ich auch hoffe, dass die
restlichen ein bis anderthalb Jahre Krieg, die uns wohl noch
bevorstehen, bessere Bedingungen bringen, so ist dieses ewige
Strohwitwertum doch wirklich verbitternd. Die herrlichen
Jahre gehen vorbei, und wir alle – du, die Kinder und ich
– werden älter. Aber nicht kälter, liebes Herz, im Gegenteil!
Was würde ich um einige Tage deiner süßen Liebe geben!

> In großer, inniger Liebe und Verbundenheit
> stets dein Hans

26.07. 1941

Liebste Traudel,

seit gestern Abend liegen wir in einem fast völlig abgebrann-
ten Städtchen – ein trauriges Bild! Unsere Quartiersleute
empfingen uns in ihrem unscheinbaren Holzhäuschen in
fließendem Deutsch, sie sind tadellos eingerichtet und alles
sehr sauber! Erst nach einiger Zeit merkten wir, dass es
Juden sind – ein Getreidehändler, der früher bis nach Berlin
lieferte. Offenbar sind es Emigranten; auch die Kinder, eine
hübsche sechzehnjährige Tochter und ein jüngerer Sohn,
sprechen deutsch. Die Bolschewiken hatten das Geschäft
sozialisiert, der Mann ist seither stellungslos.
In den ehemals polnischen, von den Russen 1939 besetzten Gebieten herrscht großer Hass auf die Bolschewiken.
Wir werden vom größten Teil der Bevölkerung als Befreier
begrüßt; zum Teil ist sogar geflaggt. Die Bolschewiken haben
hier nicht nur das Wirtschaftsleben durcheinander gebracht
– Enteignung der Geschäfte, Hungergehälter, primitivste
Zwangswirtschaft, bei der die notwendigsten Dinge oft
wochenlang nicht zu haben sind – sondern, wie man immer
wieder erfährt, zahllose Polen aus den mittleren und gehobe-
nen Schichten nach Sibirien deportiert. Unsere Propaganda
gegen die Bolschewiken ist insofern nicht übertrieben, und es
ist ein Glück, wenn diese Sklavenhalter vernichtet werden.
– Alle Herren sind übrigens erstaunt, wie viele sehr hübsche Mädchen (fast alle blond) es in den ehemals polnischen
Gebieten gibt. Sie sind voller Nationalstolz und hängen sehr
an ihrem zerschlagenen Vaterland. Trotzdem freuen sie sich
über unseren Einmarsch, wegen der Vertreibung der verhassten Moskowiter.
Wir empfangen dieser Tage aus riesigen Beutebeständen
mehrere Pfund Tee. Wie die Qualität ist, wissen wir noch

nicht, da die 50 kg-Kiste noch nicht geöffnet wurde. Wenn es sich lohnt, schicke ich dir welchen. Einige Tonnen erbeutete Butter musste unser Kasino ablehnen, da sie in der Hitze zu schnell schlecht wird. Wir „schlemmen" hier mächtig davon (Du kennst ja meinen Appetit!) und ich hoffe, bei meiner Rückkehr so viel wie möglich davon mitzubringen.

In drei bis vier Wochen kann ich dich nun hoffentlich voller Liebe und Zärtlichkeit in die Arme schließen und träume schon davon. In sehnsüchtiger Liebe grüßt dich und die Kinder

dein Hans

01.08. 1941

Mein Liebchen,

endlich Post von dir! Ich muss doch stets aus deinem Munde hören, wie du denkst und fühlst. Nicht, dass ich „Dichterworte" erwarte; die schlichte Versicherung deiner Liebe, deiner Treue und deines guten Herzens sind für mich tiefstes Bedürfnis. So fern von dir sind sie doch das Einzige, das ich habe. Dein gutes, liebevolles Herz ist mein kostbarster Besitz. Lass es nur – trotz der jederzeit möglichen Briefkontrolle, die uns ja beide in unseren Äußerungen lähmt – immer wieder zu mir sprechen!

Denk dir, dies ist nun doch schon einer meiner letzten Briefe aus Russland. Nachdem die Heeresrechtsabteilung mein Kommando „bis auf weiteres" verlängert hatte, wurde nun verfügt, dass ich bereits am 15. August meinen Dienst in Berlin wieder antreten soll. Schade ist zwar, dass mir nun der Abschluss der Operationen hier und der Einzug in Petersburg entgeht, doch überwiegt natürlich bei weitem die Freude auf ein baldiges Wiedersehen mit euch! Die Fahrt – wahrscheinlich in Güterzügen – wird natürlich strapaziös, aber das ist man ja hier gewohnt.

Gestern Nacht lagen wir wundervoll an einem See in einem großen Wald, doch wurde plötzlich aus ihm geschossen, so dass wir ein Stück weitergefahren sind. Unser Stab hat bisher nur zwei Tote, die vorgestern aus einem Kornfeld heraus getroffen wurden, wohl von Partisanen. Zur Zeit sind wir jedoch weit von der Front entfernt, ich höre Artillerie-Feuer aus ca. 10 km Entfernung.

Neulich kamen wir in ein kleines Dorf, dessen Bewohner fast alle geflüchtet waren. Nur einige alte Leute waren zurück-geblieben. Eine alte Frau wollte mir durch Gebärden klar-machen, dass die „Germanskis" allen die Hälse abschneiden würden, was ich ihr aber durch Lächeln und Kopfschütteln ausreden konnte. Ich glaube, ich hätte die Gabe, die Völker zu versöhnen!

Dienstag um 19 Uhr war Kasino-Abend. Letzterer ist jede Woche einmal, immer zuerst eine Stunde Vortrag über die politisch-militärische Lage mit Wochenschau, dann gemein-sames Essen und anschließend ein Unterhaltungsfilm. Dies-mal gab es „Hauptsache glücklich" mit Heinz Rühmann, ganz amüsant, aber eine ziemlich abgedroschene Geschichte über die Karriere eines kleinen Mannes.

Es ist 19 Uhr, unten im Garten sitzt die HJ-Singschar des Leipziger Rundfunks, die heute Abend im Freien ein Konzert gibt. Eben üben sie ein Lied, es will noch nicht recht klappen. Ich male mir oft aus, wie das sein mag, wenn wir auf immer wieder zusammen sind. Jeden Tag wollen wir dankbar genie-ßen, nie soll der Alltag bei uns einziehen. Am liebsten würde ich dich noch einmal heiraten und mit dir auf Hochzeitsreise gehen – du weißt ja ...

> In großer Vorfreude auf ein glückliches Wiedersehen
> küsst dich
> dein Hans

Mein süßes Frauchen,
gestern und heute bin ich mit Post reich bedacht: außer dem
Päckchen mit einem ausführlichen Brief der Eltern hatte
ich die große Freude, deinen 6 Seiten langen Brief Nr. 20 zu
erhalten.

Hab Dank für alle deine Liebe! – Heute bekam ich die amt-
liche Mitteilung, dass ich in drei Tagen nach Berlin abreisen
muss, was ich fast bedaure. Hier ist es kameradschaftlich
so außerordentlich nett, dass ich mich nur schwer trenne.
Außerdem lebe ich hier fast wie in der Sommerfrische. Gestern früh bin ich drei Stunden in den herrlichen Sommertag
geritten – durch Wiesen, Feld und Wald. Es war ein unver-
gessliches Erlebnis! Vielfach sind wir Trab, häufig auch
scharfen Galopp geritten, bei dem ich jetzt völlig sicher bin.
Erst hier in der schönen Natur ist mir der Reiz des Reitens
richtig aufgegangen. Mit meiner „Inge" verstehe ich mich
jedenfalls großartig. Heute habe ich nun mal ausgesetzt und
lasse mich dafür vom Schwimmlehrer im Militär-Schwimm-
bad in meiner Kraultechnik korrigieren, die noch zu wünschen übrig lässt.

Sonst ist von hier nichts Neues zu berichten – und wenn es
so wäre, dürfte ich's nicht schreiben. Immer nur vom Kasino,
Essen, Schwimmen schreiben – es widerstehen mir diese
Themen bald. Aber du weißt ja ...

Ich habe große Sehnsucht nach dir, und unsere beiden
Rangen hätten den Papi auch sehr nötig – nur schmerzlich
für mich, dass sie selbst es so wenig empfinden!

> In treuer Liebe umarmt dich und die Kinder
> dein Hanselmann

Mein Vater und der Sport – das gehörte einfach zusammen. Er brauchte die Bewegung, und man sah es ihm an: Sein weit ausgreifender, gelöster Gang war so typisch, dass man ihn daran in einer Menschenmenge schon von weitem erkennen konnte. Das goldene Sportabzeichen blieb lebenslang die einzige Auszeichnung, auf die er wirklich stolz war; die kleine Nadel schmückte seine Jacketts bis zuletzt. Manches hat er den Töchtern vererbt, vor allem die Lust am Reiten und Wandern. Unsere schmale, zarte Mutter war ganz anders – eigentlich ein echter Stubenhocker. Das bekam Vater schon in der Verlobungszeit zu spüren: Ihr erster Versuch als Skihaserl endete abrupt, als neben ihr ein Mann stürzte und sich das Bein brach. Eine Skipiste hat sie danach nie wieder betreten.

Im August 1941 wurde mein Vater nach Berlin zurückbeordert, wo die Heeresrechtsabteilung, die dem Oberkommando des Heeres (OKH) unterstand, ihren Hauptsitz hatte. Man residierte am Tirpitzufer 48, mitten im Regierungsviertel, und so hatte mein Vater häufig Gelegenheit, Hitler und seine Entourage zu sehen. Er verachtete den Mann aus tiefster Seele und sprach von ihm und seiner „Bewegung" gern als dem „Aufstand der Gosse". Ein Witz, den er aus dem Berliner Kollegenkreis mitbrachte, ist mir unvergesslich: „Was ist ein Hitler-Hering? – Ein Bismarck-Hering ohne Kopf!" Das verstanden sogar wir Kinder. Oft erzählte er auch von früheren Besuchen in Werner Fincks Kabaret „Katakombe", das wegen politischer Aufmüpfigkeit von den NS-Machthabern beargwöhnt und später verboten wurde. – Szene: Finck kommt auf die Bühne, verbeugt sich und sagt: „Meine Damen und Herren, gestern waren wir geschlossen, weil wir vorgestern offen waren. Und wenn wir heute zu offen sind, sind wir morgen wieder geschlossen." Oder: Finck kommt auf die Bühne, das Licht geht aus. Er rasselt mit Werkzeugen, klopft an die Wände und murmelt Unverständliches. Schließlich sagt er resignierend: „Am Volke liegt es nicht, es muss an der Leitung liegen!"

Die junge Familie lebte damals in Stuttgart, dem vorletzten Einsatzort meines Vaters, der inzwischen zum Oberkriegsgerichtsrat befördert worden war. Wir Kinder sahen ihn selten; wenn er kam, sagte ich „Onno" zu ihm und staunte über den vielen Glitzerkram auf seiner Uniform. Er brachte uns Kinderbücher und rote Bonbons mit – aber eigentlich war es die Stunde der Mütter. Sie trugen die Last der Erziehung und Versorgung – und letztere gestaltete sich von Jahr zu Jahr immer schwieriger – weitgehend allein. Unsere Mutter, damals eine junge Frau von 29, sehe ich in der Erinnerung fast immer an der Nähmaschine sitzen; sie stopfte, flickte und änderte unermüdlich. Eines Sommertages fuhren wir mit der vollbesetzten Straßenbahn in die Stadt, und ich, damals etwa vier Jahre alt, fragte lauthals: „Mami, warum durfte ich denn heute nicht das Fahnenkleid anziehen?" Eine schallende Ohrfeige, schnell wie ein Geschoss, war die Antwort. Das „Fahnenkleid" war nämlich ein Dirndl, das meine Mutter aus der zerschnittenen Hitler-Fahne, blauen Einsätzen und weißer Zackenlitze genäht hatte – ein Verbrechen, wenn es herausgekommen wäre. Ohnehin kam der „Blockwart" häufig zu uns und mahnte das Flaggen an, wenn wieder einmal ein glorreicher Sieg gefeiert werden musste. Meine Mutter besänftigte ihn mit Charme und Zigarren aus den Päckchen meines Vaters. In die Wohnung ließ sie ihn nicht, denn es fehlte das Hitlerbild, und im Bücherschrank stand kein „Mein Kampf".

Armee-Reitkurs 1936 in Magdeburg; 3. v. l.: unser Vater

Mein geliebtes Frauchen,

zunächst will ich dir sagen, dass es ganz herrlich war bei euch Lieben zuhause in Stuttgart – es waren wirkliche Stunden des Glücks! – Von Evchen* hörte ich heute Näheres über den schweren Luftangriff auf Wismar vor zehn Tagen. Sie haben in die Apotheke einen gewaltigen Blindgänger durch das Kinderzimmer (!) bekommen. Wäre er explodiert, wäre wohl niemand mit dem Leben davongekommen, trotz Luftschutzkeller, in den sie geflüchtet waren. Denn gegen solche Volltreffer ist kein Kraut gewachsen. Binnen einer Stunde musste die Apotheke komplett geräumt werden, wobei in der Eile viel Schaden an den Möbeln entstand. Evchen ist mit der kleinen Regine zu den Eltern nach Dresden gezogen, da komplett mit den Nerven fertig. In Wismar sind das Rathaus, eine ganze Häuserzeile mit Hotel am Markt, der große Schlachthof und viele Privathäuser zerstört; es soll 50–100 Tote gegeben haben. Beim zweiten Angriff letzte Woche hat die verstärkte Flak Schlimmeres verhütet.

Im Familienkreis haben wir über vielerlei geplaudert – unter anderem über die Erziehung unserer Kinder. Alle waren übereinstimmend der Meinung, dass bei dir jetzt größte Strenge am Platz ist, zumal bei Reni. Ich rate dir, nicht so viel Federlesens mit den beiden zu machen, vor allem keine Moralpredigten, die doch nichts nützen. Sondern bei Ungehorsam unbarmherzig den Stock zu benutzen. Auch solltest du nicht zulassen, dass sie so viele Bücher und Spielsachen herumwerfen, sondern sie auf weniger beschränken, das sie dann abends grundsätzlich selber aufräumen. Das muss sich doch durchsetzen lassen!

---

*Eva Framm, Cousine meiner Mutter

Doppel-Taufe im Elternhaus unserer Mutter in Braunschweig im Jahr 1912: Edeltraud, li., auf dem Arm ihrer Großmutter; Eva, re., auf dem Arm ihrer Großmutter, dahinter die Mütter, die Schwestern waren. „Evchen" und „Trautchen" wuchsen wie Schwestern auf

Seit meiner Rückkehr nach Berlin habe ich einen derart ver-
mehrten Aktenanfall, dass ich trotz häufiger Nachtarbeit
nicht durchgekommen bin. Darunter die Bearbeitung einer
schwierigen Offiziers-Ehrensache mit mehreren Besprechun-
gen. Hinzu kamen im Anschluss an den Dienst zwei Kasino-
Abende, von denen ich jedes Mal erst um Mitternacht nach
Hause kam. Gestern erfuhr ich, dass die Heeresrechtsabtei-
lung einen neuen Chef erhält. Es ist Karl Sack, der energische
Kriegsgerichtsrat bei der Wehrmachtsrechtsabteilung, ein
Hesse und tüchtiger Jurist, vielleicht etwas dickköpfig, aber
mir bei weitem der Liebste. Generalfeldmarschall Keitel soll
die Ernennung bereits unterschrieben haben. Es ist natürlich
damit zu rechnen, dass Sack die HR stark umbaut; ob ich
selbst davon betroffen bin, bleibt abzuwarten. Nur gut, dass
wir nicht nach Berlin umgezogen sind, denn es gibt keinerlei
Garantie, dass ich bis Kriegsende hierbleibe.

> *Für alle deine Liebe hab nochmals innigen Dank!*
> *Dir und der kleinen Rasselbande tausend Grüße von*
> *eurem Hans und Papi*

Inzwischen hatte der Krieg auch die Zivilbevölkerung erreicht. Seit die deutsche Luftwaffe im September 1940 die Kathedrale von Coventry in Trümmer gebombt hatte, war die Spirale von Angriffen und Vergeltungsschlägen stetig enger geworden. Hitlers zynischen „Baedeker"-Angriffen auf schöne alte englische Städte, deren verschachtelte Zentren wie Zunder brannten, folgten Luftschläge auf Berlin, Mannheim und Lübeck, bei denen ein tödlicher Teppich aus Brand- und Sprengbomben einen Vorgeschmack darauf gab, wie sich der Luftkrieg „perfektionieren" ließ. Von einem – vergleichsweise glimpflichen – Angriff auf die alte Hansestadt Wismar hörte mein Vater durch Eva Framm, eine Cousine seiner Frau. Sie lebt und arbeitet noch heute, mit 90 Jahren, in dem schönen alten Apothekerhaus aus der Renaissance. An den Angriff erinnert sie sich genau: „Plötzlich stürmten Leute ins Haus und schrien: ‚Alle raus hier, Fliegeralarm!' Ich riss die schlafende Regine aus dem Bett – Jochen war ja an der Front – und rannte in den Keller. Plötzlich hörte ich ein so lautes Krachen, dass ich dachte: ‚Jetzt fliegt das Haus in die Luft.' Es blieb aber alles still. Nach einer Weile polterte ein Trupp Luftschutzhelfer ins Haus, um die Apotheke zu räumen und die Bombe zu entschärfen. Wir haben damals großes Glück gehabt!"

Tja, und dann der Stock, dessen Gebrauch mein Vater in seinem Brief so eindringlich empfiehlt. Es waren halt andere Zeiten damals und die antiautoritäre Erziehung noch nicht erfunden.

Unser Stock war übrigens ein ganz besonderer, er hörte alle Untaten mit und sprang selbstständig vom Bücherschrank, wenn wir Kinder etwas verbrochen hatten. So wurde uns jedenfalls gesagt, und wir fürchteten das biegsame Bambusrohr, das unser Großvater, ein Kapitän, aus China mitgebracht hatte, wie ein lebendiges Wesen. Zum Glück trat er nur selten in Aktion,

Der Papi hat Urlaub: 1940

Sommer 1940:
Bei den Großeltern und Tante Hede in Stadtoldendorf

Unser Vater, 2. v.r., mit Kollegen der Heeresrechtsabteilung im Berliner Tiergarten. 2.v.l.: Dr. Karl Sack

zuletzt, als ich etwa zehn Jahre alt war. Den Anlass habe ich vergessen, nicht aber das Gefühl von Scham und Empörung, als die Prügel auf mich herabsausten.

In dem Brief vom 6. Oktober 1942 taucht zum ersten Mal ein Name auf, der für meinen Vater hohe Bedeutung gewann: der seines obersten Dienstherrn, des Heeresrichters Dr. Karl Sack. Sacks Rolle als Chef der deutschen Heeresjustiz ist von späteren Beobachtern nicht durchgehend positiv gesehen worden, weil er gegen Auflösungstendenzen der soldatischen Disziplin eine eher harte Linie vertrat. 10 000 Todesurteile gegen Angehörige der eigenen Wehrmacht sprechen eine deutliche Sprache. Als hochdekorierter, mehrfach verwundeter Weltkrieg I-Offizier war Sack der Meinung, dass ein intaktes Heer gebraucht wurde, damit die Umsturzpläne, an denen er früh beteiligt war, gelingen konnten. Sacks Kontakte zur Hitler-Opposition reichten zurück ins Jahr 1938. Er war als evangelischer Pfarrerssohn eng mit der „Bekennenden Kirche" verbunden und unterhielt persönliche Kontakte zu den Hitler-Gegnern Hans von Dohnanyi und Berthold Schenk von Stauffenberg, dem Bruder des Hitler-Attentäters vom 20. Juli 1944, sowie zu Abwehr-Chef Hans Oster. Nach dem gescheiterten Attentat geriet auch Sack ins Fadenkreuz der Ermittlungen, da eine Liste gefunden wurde, auf der er als Justizminister einer Nach-Hitler-Regierung genannt war. Sack wurde verhaftet, gefoltert und am 9. April 1945 zusammen mit Canaris, Oster und Dietrich Bonhoeffer unter demütigendsten Umständen im KZ Flossenbürg gehenkt – nackt und an messerscharfen Klavier-Saiten. Zuvor hatte er dem Wahnsinn des Hitler-Krieges zwei Söhne geopfert. Der Historiker Karl Ritter nennt Sack „eine der edelsten und tapfersten Gestalten der deutschen Widerstandsbewegung".

Mein Herzensschatz,

hab Dank für deinen lieben, langen Brief; insbesondere für deine guten Wünsche zum Jahreswechsel! Ich habe hier eben sehr viel Arbeit, deshalb komme ich erst heute zum Schreiben. Nachdem K.* wieder im Feld und Kriegsgerichtsrat H. arbeitsunfähig geworden ist, hat Sack angeordnet, dass ich Leiter der Gruppe III (Revision von Urteilen) werden soll. Ich freue mich sehr darüber, denn es entspricht ganz meinen Neigungen und hebt meine Stellung nicht unwesentlich. Sack scheint mich doch genauer zu kennen, als ich annahm. Alles andere warten wir nun in Ruhe ab! An sich ist es ja überhaupt nicht wichtig, ob eine Beförderung ein halbes Jahr früher oder später erfolgt. Nur in den jetzigen labilen Zeiten ist man so sehr darauf bedacht. Gerade die Gruppe III, die wissenschaftlich-praktische Abteilung, ist besonders ehrenvoll. Bei den Lehrgängen für jüngere Kollegen, die Ende Januar wieder beginnen, werde ich nun mehr Vorträge übernehmen müssen, außer dem Wehrrecht auch das gesamte Verfahrensrecht. Das Praktikum muss ich dafür abgeben, was mir gar nicht leicht wird. Denn für spätere Universitäts-Pläne müsste es (ohne Habilitation) doch genügen, wenn ich hier Ministerialrat würde und in ca. 20 Lehrgängen vor erfahrenen Heeresrichtern Vorträge und Praktika gehalten habe. Aber warten wir's ab – noch ist alles Zukunftsmusik! Meine Silvesterfeier bei B.s war übrigens bezaubernd – leider wieder fern von dir! Außer mir waren zwei reizende Ehepaare geladen. Es gab französischen Kognak, Bowle, Bier,

---

*Die Namen der in den Briefen genannten Freunde und Kollegen wurden aus Datenschutzgründen abgekürzt.

Kaffee, Torte und belegte Brote. Alle hatten viel Esprit, es wurde auch öfter getanzt. Um 5 Uhr Abmarsch zur nächsten U-Bahn, um sechs war ich im Bett. Alle Ehepaare sind fünf bis sieben Jahre verheiratet und ohne Kinder – und alle möchten so gern! Ich wurde mit meinen zwei Kindern fast als Wundertier bestaunt. Wer lacht da?! Die haben meiner Meinung nach alle zu lange verhindert.

Kürzlich traf ich Frau Th. Im Konzert. Sie ist tief deprimiert, weil ihr netter Junge seit dem 24. November nicht geschrieben hat. Er steht im Raum von Stalingrad, vgl. dazu den Wehrmachtsbericht von gestern. Es sind ja – außer im Mittelabschnitt – überall sehr schwere Abwehrkämpfe. Wie wird dieses Jahr wohl enden?!

> *Ich umarme dich in innigem Gedenken*
> *Immer dein Hans*

Dieser Brief enthält eine der eher seltenen Aussagen meines Vaters zum Kriegsverlauf im Osten. Stalingrad, das Inferno des Winters 1942/43 mit hunderttausend Gefallenen und der gleichen Anzahl gefangener deutscher Soldaten, markierte die Wende im Russlandkrieg. Viele haben es damals geahnt – auch er. Hitler hatte, aller militärischen Logik entgegen, einen seiner verhängnisvoll-dilettantischen „Halte-Befehle" gegeben und gab so die 6. Armee von General Paulus dem Untergang preis. Mehr und mehr zog er sich damit Zorn und Empörung der Generalität zu, die sein ebenso großmannssüchtiges wie laienhaftes Feldherrn-Gehabe zunehmend in die Opposition trieb.

Meine liebste Traudel,

Dein inniger Brief vom Sonntag, unserem Abschiedsabend, war mir heute eine rechte Herzensfreude! Ich werde ihn im Osten stets bei mir tragen, zusammen mit einem Kleeblatt von dir. Wegen deiner Ängste um mein Frontkommando bin ich allerdings anderer Meinung. Die Reise geht morgen um 13 Uhr 31 von Bahnhof Zoo los, nach etwa 24 Stunden bin ich in Lemberg. Ich habe bis dort Schlafwagen. Bis Kiew reise ich daher auf alle Fälle völlig ausgeschlafen, und von dort kann es nicht mehr allzu schlimm werden. Meine Feldpost-Nr. ist 44644 – leicht zu merken. General Kempf, dem ich unterstellt bin, soll ein sehr netter, jovialer Mann sein. Er war kürzlich für längere Zeit hier in Berlin als Leiter von Lehrgängen für Divisionsführer.

Durch die schweren Luftangriffe der letzten Tage sind hier alle Menschen sehr verstört. Offiziell hat es 483 Tote gegeben und viele hundert Schwerverletzte. Das durch Luftminen völlig zerstörte Sanatorium in der Bülowstraße mit über 50 Toten ist nur wenige hundert Meter von hier entfernt. Vor unserem Kasino liegt noch ein großer Blindgänger, alles ist abgesperrt. Mehrere Familien der Heeresrechtsabteilung sind schwer bombengeschädigt. Du siehst, mein lieber Schatz, dass ich im Osten möglicherweise sicherer aufgehoben bin als in Berlin, denn das war sicher nicht der letzte Angriff.

Fortsetzung unterwegs, 12.03.43: Von nun an wird meine Post sehr viel unregelmäßiger eintreffen, denn, wie ich eben höre, sind die Verbindungen ab Lemberg verheerend. Bis

Kiew brauche ich wahrscheinlich mehrere Tage, da angeb-
lich nur Güterzüge fahren, die alle paar Kilometer halten.
Vielleicht kann ich aber einen Lazarettzug erwischen. Heute
habe ich für einen Tag Marschverpflegung bekommen: 2
Pfund Brot, eine 45 cm lange, ganz ordentliche Wurst und
60 g Margarine, also sehr reichlich. Jetzt sitze ich einsam in
meinem Hotelzimmer und meine Gedanken schweifen zu
meinen Lieben in der Ferne. Ich fühle, wie auch du eben (21
Uhr) intensiv an mich denkst und wir im Herzen beieinander
sind. Deine Liebe begleitet mich überall, so bin ich auch im
fernsten Lande nicht allein.

> *In der Hoffnung auf ein glückliches, nicht allzu fernes*
> *Wiedersehen grüßt dich, Reni und Marlis*
> *tausend Mal*
> *dein Hans*

Im Frühjahr 1943 plante Hitler, den Schock von Stalingrad im
Nacken, das „Unternehmen Zitadelle", das mit Hilfe neuentwi-
ckelter schwerer Panzer, Geschütze und starker Luftunterstüt-
zung die Wende im Russlandkrieg erzwingen sollte. Im Zielge-
biet der geplanten Operationen westlich des Don wurde mein
Vater im März 1943 eingesetzt; stationiert war er in Charkow,
Poltawa und Dolbino. Er war dem Befehlshaber der rückwärtigen Linien, Panzergeneral Werner Kempf, unterstellt. Oberbefehlshaber der „Heeresgruppe Süd" war der als genialer Stratege
gerühmte Feldmarschall Erich von Manstein.

Liebste,

war das ein Schreck, als ich um 15 Uhr den heutigen Wehr-
machtsbericht hörte und von dem schweren Angriff auf
euch erfuhr! Sofort habe ich vom Kriegsgericht aus dringend
Stuttgart angerufen. Leider hattest du nicht, wie verabre-
det, S. in Kenntnis gesetzt, das ist mir unverständlich! Ich
ängstige mich hier und setze alle möglichen Stellen in Bewe-
gung, und du bist zu schüchtern, die Fernschreibverbindung
über Berlin zu nutzen. Sowie ein neuer Angriff erfolgt und
nach dem Wehrmachtsbericht für uns hier anzunehmen ist,
dass er schwerer war, musst du unverzüglich die Verbindun-
gen über Berlin nutzen!! – Wie glücklich bin ich nun aber,
dass alles bei euch, meinen geliebten Herzensschätzen, doch
so relativ glimpflich abgelaufen ist und die Brandbomben
im Dachgeschoss rechtzeitig gelöscht werden konnten. Ich
bin von der Schilderung eurer Ängste im nächtlichen Keller
tief erschüttert und verstehe, wie Ihr zu Gott gebetet habt.
Es wäre ja eine Erleichterung, wenn man in solchen Stun-
den zusammen wäre und alles Schicksal – und wäre es das
Schlimmste – gemeinsam tragen könnte. Ich habe so viel
an die schrecklichen Stunden und was Ihr habt durchma-
chen müssen, gedacht und bin in Gedanken immer bei euch.
Halte auch Reni, das kleine tapfere Schätzchen, zum Beten
an, wenn sich so etwas je wiederholen sollte. Denn solch ein
unschuldiges Kinderherz müsste doch erhört werden!
Was nun die praktische Seite anlangt, so habe ich ja schon
meine Vorschläge gemacht; dabei nichts überstürzen! Meist
ist es so, dass nach einer Periode heftiger Angriffe für län-
gere Zeit Ruhe einkehrt. Außerdem ist Stuttgart von allen
süddeutschen Großstädten am wenigsten von Interesse für
die R.A.F. Alles in allem glaube ich, dass es zu verantworten

ist, Stuttgart einstweilen noch nicht zu verlassen. – Vor mir steht das reizende Foto von dir und den Kindern aus dem Garten der „Wilhelma". Wie friedlich war es damals noch in Stuttgart, und welches Glück strahlt dieses Foto aus! Wann werden wir das wohl wieder zusammen genießen können? Ob das Päckchen mit ½ Pfund Margarine aus Lemberg und die beiden Päckchen von hier (½ Pfund Butter, ¾ Pfund Wurst) wohl eingetroffen sind? Gestern habe ich 20 Pfund Zucker abgeschickt. Ich freue mich so, wenn ich für euch sorgen kann, doch wird es schwieriger werden, denn hier ist alles sehr knapp!

Die gerichtliche Praxis macht mir noch Schwierigkeiten. Zunächst ist es ein großer Unterschied, ob man in Berlin die fertigen Akten nachprüft oder hier selbst mit den „technischen" Schwierigkeiten ringt. Dann sind es hier im Osten auch besonders komplizierte Verhältnisse. In unserem Gericht haben wir – da ganz neu – kaum Bücher und Gesetzesblätter, man kennt weder die Truppe noch die Unterkunftsorte; die unterstellten Truppen wechseln ständig, sie liegen weit auseinander, kaum telefonische Verbindung, Postweg dauert ewig usw. Vorläufig „schwimme" ich noch in vielem, es treten ganz neue Fragen an mich heran. Doch es hält elastisch, immer wieder in so gänzlich neue Verhältnisse hineingestellt zu werden. Heute habe ich einen mir unterstellten Richter ablösen müssen; er hat in einer schwierigen Sache auf Todesurteil entschieden und ist schwer damit angeeckt. – Ich sehe jedenfalls mehr und mehr, dass meine Lieblingstätigkeit und Stärke doch die reine Wissenschaft ist!
Trotzdem rate ich dir: Mach dir wegen der politischen und militärischen Lage weniger Sorgen! Es kommt doch alles,

Ausflug in die „Wilhelma" in Stuttgart 1941. Dieses Foto begleitete unseren Vater in Russland

*wie es kommen soll. Die Hauptsache ist, dass die Welt nicht
auf Dauer von Gangstern regiert wird! Vorhin habe ich an
Mutter in Stadtoldendorf geschrieben und unseres guten
Vaters gedacht, der morgen vor einem Jahr zur ewigen Ruhe
eingegangen ist. Er ist nun glücklich dran in seinem See-
lenfrieden und erhaben über all das Leid der Menschheit.
Hoffentlich behalten nicht die Pessimisten recht, die sagen,
dass ganz Europa nach diesem Krieg ein Trümmerfeld sein
wird. Aber ich bin fest davon durchdrungen, dass aus diesen
Trümmern eine höhere Menschheitskultur erwachsen wird.
Es ist schon spät, und ich muss schließen. Wie viel süßer
wäre es, wenn ich nicht dem Papier, sondern dir selbst meine
Gedanken anvertrauen könnte, Liebchen! Zum Beispiel auf
unserer gemütlichen Couch mit einem Gläschen Wein und
einem Schäferstündchen hinterher. Weißt du noch, Liebste?*

> *Behüt euch Gott alle drei und sei du
> voll zärtlicher Sehnsucht geküsst von
> deinem Hans*

04. 04. 1943

*Liebste Traudel,
soeben erhielt ich deinen Brief vom 25. März, den ersten aus
Stadtoldendorf. Ich freue mich sehr, dass Ihr die weite Reise
so gut überstanden habt und nun glücklich in dem sicheren
Stadto. gelandet seid, wo keine Gefahr droht und kein Alarm
euch nachts die Ruhe raubt. Vor allem wird nun auch das
Alleinsein nicht mehr so an deinen Nerven zehren. Für die
Kinder und dich ist's wie eine Sommerfrische; die Luftverän-
derung wird euch allen gut tun, vor allem dem zarten Marliebchen! Wie wird sich Mutter freuen, euch alle mal wieder
bei sich zu haben, besonders auch Reni, die sie so lange nicht
gesehen hat.*

Die Päckchen mit Fett und Wurst müssen dir nun nachgesandt werden; hoffentlich ist ihr Inhalt nicht verdorben. Hast du meine Briefe bekommen, insbesondere den mit den drei Luftpostmarken? Anbei je eine Luftpost- und Päckchen-Zulassungsmarke, je eine weitere im nächsten Brief. Ich habe oft Gelegenheit, meine Post einem Kurier mitzugeben. Gestern ist ein Hauptmann nach Stettin abgeflogen, dem ich eine Karte an euch mitgegeben habe.

Weshalb Ihr euch so um mich sorgt, ist mir völlig unbegreiflich! Wir leben hier fast friedensmäßig, weit hinten und unter einer harmlosen, meist sogar freundlichen Bevölkerung. Die Front vor uns ist besonders stark. Da wir völlige Luftherrschaft haben, gibt es weit und breit keine feindlichen Flieger, nicht einmal nachts. An all diesem ändert sich auch nichts, wenn ich nächstens verlegt werde.

Im Stabe habe ich mich inzwischen sehr gut eingelebt. Meine Stellung ist so, dass sie mich voll befriedigt. Ab heute habe ich mir für das hiesige Gericht einen zweiten Inspektor kommandiert. Ein dritter Richter aus dem Reich ist unterwegs und wird in 8–10 Tagen eintreffen. Dann werde ich mich – abgesehen von gelegentlichen Sitzungen – von den gerichtlichen Geschäften hier zurückziehen und mich ausschließlich den Sachen widmen, in denen der Oberbefehlshaber als solcher zuständig ist (Bestätigung von Urteilen gegen Offiziere und sonstige Urteile über 5 Jahre, Gnadensachen), Rechtsberatung für den Oberbefehlshaber und im übrigen Verwaltungsgeschäfte und Dienstaufsicht über die unterstellten Gerichte.

Dafür, mein liebes Schätzelein, damit zu rechnen, dass mein Kommando ein Dauerkommando wird, liegen eigentlich keine Anzeichen vor. Ich hoffe bestimmt, dass ich im Sommer zurückkehren werde.

Heute früh war ich im Feldgottesdienst mit Abendmahl, in einem großen Saal des ehemaligen G. P. U.-Gebäudes. Gegen Abend habe ich P. besucht, der mit 39 Jahren zum Oberst im Generalstab befördert wurde, am gleichen Tage aber beim Aussteigen aus dem Flugzeug das Bein gebrochen hat und nun vom Bett aus seinen Dienst macht.

Nach dem heutigen Wehrmachtsbericht ist Essen wieder schwer angegriffen worden. Hoffentlich kommen sie nicht wieder nach Stuttgart. Besteht eigentlich die Gefahr, dass in deiner Abwesenheit jemand in unserer Wohnung einquartiert wird? Hast du die zuständigen Stellen darauf hingewiesen, dass ich im Felde bin? Wie ich hier höre, soll das ein Schutz sein.

Es ist sehr spät, ich bin müde und will zu Bett gehen. Mit vielen zärtlichen Gedanken an euch alle werde ich einschlafen. Innige Grüße an dich, Mutter und die lieben Kinder

dein Hans

06. 05. 1943

Mein lieber Schatz,

auf meinem Schreibtisch ist in den neuen Bilderrahmen meine ganze Familie versammelt, und insbesondere du schaust mich mit deinen warmen braunen Augen liebevoll an. So will ich denn die Mittagsstunde nutzen, um mit dir Zwiesprache zu halten. Ich bin gestern Mittag in einer großen benachbarten Stadt* wohlbehalten gelandet, nach einem herrlichen Flug in strahlender Sonne. Vor allem die Großstadt macht sich aus der Vogelperspektive gut, sie ist

---

* Charkow

landschaftlich schön gelegen, mit vielen Gärten, Parks und
stattlichen Bauwerken. Dass sie fast alle zerstört und ausge-
brannt sind, sieht man von oben nicht so genau. Als ich dann
im Wagen durchfuhr, war ich aber doch erschrocken über
das Ausmaß der Zerstörung – andererseits überrascht vom
modernen, fast westeuropäischen Charakter der Stadt.
Wir selbst liegen in einem in Gärten und Wälder gebette-
ten kleinen Städtchen und sind mit den Quartieren recht
zufrieden. Ich habe zwei Zimmer mit befriedigender Ein-
richtung, vor allem ein gutes Bett, Schreibtisch und Schrank.
Die Hauptsache aber – wie bei allen anderen Herren auch
– völlig wanzenfrei!
Die Toilette in dem wunderschönen Garten ist so primitiv
wie möglich, die Waschgelegenheit mäßig, doch per Saldo
für Russland gut. Die Leute selbst, wie alle Ukrainer, riesig
nett und bescheiden. Es sind zwei ältere Frauen mit einer
40-jährigen Tochter, die Architektur studierte und jetzt den
Reichen die Stiefel putzt. Die Leute hier leiden viel Not und
sind teilweise lebensmüde. Ein Kilo Butter kostet 120 Reichs-
mark, ein Ei 2,50 RM.** Ich werde ihnen nach Kräften Brot
besorgen.
Gestern waren wir in einer Varieté-Vorstellung mit ukraini-
schen Künstlern aus der Großstadt, die recht beachtlich war;
besonders die Gesangs- und Tanznummern. Das Programm
lege ich bei. Ich werde auch bald die dortige Oper besuchen,
die sehr gut sein soll. Sie ist glücklicherweise nicht zerstört.
In das Dienstliche muss ich mich hier erst hineinfinden.
Heute Abend will ich mich bei General Speidel und dem
OB*** melden. – Nach dem gestrigen Wehrmachtsbericht

**   entspricht etwa 367 Euro bzw. 7,50 Euro

*** Oberbefehlshaber General Kempf

Kameradschafts-Abend
Erika
Führungs-Abteilung

Freitag, 2. Juli 1943

Programmfolge

1. Südseezauber

  Rumba . . . . Marika
  Singende Säge . . . . Narski
  Akrobatischer Tanz . . . Mazüra u. Petik

2. Artistik auf dem Fahrrad . . Gefr. Willi Grieg
3. Gesang und Step . . . . . Mazüra u. Petik
4. Jongleurkunst . . . . Korbas
5. Fernando, Vitamin H. . . . Obgfr. W. Götze
6. Parterre-Akrobaten . . . . . 3 Balabas
7. Der komische Radfahrer . . Gefr. Willi Grieg

  10 Minuten Pause.

8. Musikalische Bühnenschau

  Tolle Sachen am Flügel — Gefr. W. M. Ax

Die Tanzkapelle Tachtaulow

  mit den Sängerinnen:

    Tachtaulowa
    Babitschewa
    Sadaroschnaja
    Piotrowitsch

Balletteinlage : Deplär u. Konstantinow

  Troizki u. Purtschel

  F i n a l e

Änderungen vorbehalten
Bühnenausstattung: Obgfr. Schöneich

Veranstalter: Erika - Propaganda - Kompanie

muss ja Dortmund sehr schwer mitgenommen sein; auch Oberhausen und Mannheim haben, wie ich hörte, schwer gelitten. In Stettin gibt es 39000 Obdachlose. Einer unserer Herren kommt aus Stettin, seine Brauerei mit den dazugehörigen Wohnungen ist total zerstört, mit vielen Toten in den Kellern. Hoffentlich ist Erichs**** Reederei nicht auch betroffen! Wie denkst du nun über Stuttgart – wegziehen oder vermieten? Zurzeit nehmen die Großangriffe zwar ab, auch sind unsere Abschusszahlen hoch. Es ist daher möglich, dass sich der Luftkrieg durch die Engländer nicht lange im bisherigen Umfang fortführen lässt, insbesondere, wenn unsere neuen Abwehrmittel eingesetzt werden. Willst du nicht einen Koffer mit dem Wertvollsten nach Stadtoldendorf senden? – Noch eines: Im Keller Vorsicht vor Gas- und Wasserleitungen! Nie Kerzen und Streichhölzer vergessen und bei Tageslicht genau die Ausgänge erkunden!! Ja, der Krieg ist jetzt auf dem Höhepunkt! Hier habe ich viel Erschütterndes über die Kämpfe um Stalingrad und die anschließenden Ereignisse gehört. Aber davon mündlich mehr.

*Ich schließe dich in treuem Gedenken
fest in meine Arme
und bete für dich und die Kinder*

Dein Hans

**** Erich, einer der vier Brüder unserer Großmutter, hatte in eine alte Stettiner Reederei eingeheiratet. Seine Schwiegermutter Selma ging am 30. Januar 1945 mit dem Flüchtlingsschiff „Wilhelm Gustloff" unter

08.05.1943

Geliebte Herzensfrau,

heute war ich erstmals bei General Speidel zum Vortrag.
Ich bin sicher, dass mit ihm ein angenehmes Arbeiten ist. Er
ist nicht „kommissig", sondern mehr geistig eingestellt und
sehr konziliant. Er hat Niemöller gut gekannt. – Das Gericht
muss ich erst ganz neu aufziehen. Nachdem sich hier der
Stab erheblich vergrößert hat, habe ich gestern in Berlin
telefonisch um Zuweisung eines zweiten Richters und zweier
Urkundenbeamter gebeten. Außerdem hatte mir D., der bei
der Heeresgruppe sitzt, schon Sch., den Kriegsgerichtsrat der
Reserve, einen ausgezeichneten Mann von 39 Jahren mit EK
I, zur Verfügung gestellt. So mache ich zur Zeit gewöhnliche
richterliche Sachen, bis das Gericht komplett ist. Übrigens
ist das für mich sehr instruktiv, denn die Praxis im Felde ist
doch schwieriger als ich dachte – man kann hier nicht „vom
grünen Tisch" entscheiden.

Vorgestern haben wir im Kasino aus Anlass einer drolligen
Wette im großen Kreis kräftig dem Sekt zugesprochen, den
der Kommandant des Hauptquartiers – wegen seines fröhli-
chen Wesens „Kommödiant" genannt – aus Beständen beim
OB losgeeist hatte. Nachdem er nämlich in unser Gebäude
nach monatelangem Drängen ein gutes Wasserklo eingebaut
und ein Rundfunkgerät für die Abteilung beschafft hatte,
haben wir die anliegende „Ehrenurkunde" im Großformat
von einem unserer Schreiber fein ausmalen, mit Schnur und
Siegel versehen lassen und sie ihm dann zu dritt in seinem
Dienstzimmer feierlich überreicht. Ich habe die Urkunde
dem OB gezeigt; er hat sich sehr amüsiert, besonders über
die ihm noch unbekannten „Fachausdrücke" im Anfang.
Du siehst, wir haben sogar noch Zeit und Gelegenheit zum
Humor!

EHRENURKUNDE

Der Kommödiant des Hauptquartiers,
Beischläfer bei Gericht
und Mitesser im Kasino

Hauptmann Dr. Ludolph
sächsischer Stadtrat in Leipzig
wird hiermit zum
Schießhaus-Baumeister I. Klasse h. c.
und Ehrenmitglied
der Akademie eingebildeter Künstler
von Charkow
ernannt

In dankbarer Würdigung
seiner unvergänglichen Verdienste
für das sanitäre und künstlerische Wohlergehen
der Abt. III

Ihr Ausschuss

....
(Unterschriften)

not. Nicht geheim!
Kann jeder lesen

Generalmajor Hans Speidel, Jahrgang 1897, war promovierter Historiker und Volkswirt. „Er hat Niemöller gut gekannt", schreibt mein Vater – und das hieß für Eingeweihte: Speidel hatte Kontakte zur „Bekennenden Kirche" und ihrem Mitbegründer Martin Niemöller, der als „persönlicher Gefangener" Hitlers seit 1937 im KZ saß. Nach einer Militär-Karriere in Frankreich wurde Speidel 1943 Stabschef der 8. Armee in Russland. Hier kam es zu ersten Kontakten zur Widerstandsbewegung im Heer. Zwischen dem General, der mit einem liebenswürdig-konzilianten Wesen bezauberte, und meinem Vater muss ein ähnliches „stilles Einverständnis" bestanden haben wie mit Chef-Heeresrichter Dr. Sack. Wie jener geriet auch Speidel nach dem Attentat vom 20. Juli 1944 in die Fänge der Gestapo und wurde zu Festungshaft verurteilt. In der Nachkriegszeit hat man Speidel reaktiviert; er wurde militärischer Berater von Konrad Adenauer und später der erste 4-Sterne-General der Bundeswehr.

Sommer 1943: Die Abt. III (Heeresrichter) mit Schreibern in der Ukraine vor dem Kasino der Stabs-Unterkunft

Liebste Edeltraud!

„Freud und Leid – Geschwisterpaar" – dieser Spruch galt
so recht für den gestrigen Tag mit seiner Freudenbotschaft
– und den Wehrmachtsbericht mit dem erneuten Großan-
griff auf Stuttgart. Gott sei Dank war aber unser Viertel
nicht betroffen, sondern das Neckartal, wo die Bomber der
R. A. F. die Mercedes-Werke gesucht haben. Jedenfalls war die
Sorge um euch daheim ein erheblicher Wermutstropfen im
Freudenbecher des „Ministerialrats"! Der erste, der mir die
Nachricht übermittelte, war General Kempf persönlich. Er
las mir folgendes Fernschreiben aus Berlin vor: „Der Oberkriegsgerichtsrat Dr. Hans Meier-Branecke ist mit Wirkung
vom 1. 2. 1943 zum Ministerialrat ernannt. Während der
Dauer seiner Frontverwendung führt er die Dienstbezeich-
nung „Oberstkriegsgerichtsrat". – Meine Freude war natürlich sehr groß, denn nun ist eigentlich das Berufsziel erreicht,
mag da kommen, was will. Besonders freue ich mich, dass
ich Ministerialrat (im Rang eines Obersten) geworden bin
und nicht „nur" Oberstkriegsgerichtsrat, denn Ersterer hat
die Befähigung zum Letzteren, aber nicht umgekehrt. Auch
hat der Ministerialrat einen schöneren, friedensmäßigen
Klang, was wichtig für später sein wird.
So sind wir also beruflich reich gesegnet worden, und das
alles in nur acht Jahren. Mit 42 Ministerialrat – und das
ohne alle privaten oder politischen Beziehungen – ist doch
immerhin eine sehr glückliche Laufbahn, und ich freue mich,
dass ich dir dies zu deinem 31. Geburtstag als nachträgli-
ches Überraschungsgeschenk auf den Gabentisch legen kann!
Leider schreibe ich wieder in Eile, denn hier herrscht Hochbetrieb. Vormittags war ich lange beim OB zum Vortrag, so

dass ich erst um 11 Uhr zur Division abfahren konnte. Der Pfarrer war schon vorausgefahren. Nach der Verhandlung kam ich gerade noch zum Mittagessen zurecht, alle Herren des Stabes hatten auf mich gewartet. Die vorausgegangene Verhandlung war schwierig; in der Sitzung ist glücklicherweise kein Todesurteil herausgesprungen.

Um 20 Uhr waren wir zurück, als Generalmajor Speidel mit einigen Herren des Führungsstabes zu uns ins „Lachkabinett" (unser provisorischer Sitzungssaal) kam, um der Abt. III einen Besuch zu machen. Es wurde tüchtig Champagner spendiert, und Kollege Sch. hielt aus dem Stegreif sehr witzige „Erotische Betrachtungen" zu unserem Kasino-Wandbild, einem Bacchanal à la Rubens. Eine Abschrift füge ich meinem Brief bei, dazu auch Anmerkungen zu den Personen. Auch heute war wieder viel zu tun, und ich wollte eigentlich früh schlafen gehen. Stattdessen rief Oberst Hasse um 18 Uhr an und lud mich im Auftrag von General Kempf zum Krebsessen ein. Das hat natürlich wieder bis Mitternacht gedauert, war aber sehr lohnend. Nicht nur, dass der OB mir persönlich die Technik des Krebsessens beigebracht hat – der Champagner und die Zigarren waren auch nicht zu verachten. Vor allem aber haben wir uns sehr vertraut und persönlich unterhalten. Und morgen Abend, oh Schreck, feiert der Kommandant seinen 45. Geburtstag – ich kann leider nicht absagen.

Nun bin ich todmüde, aber ich wollte dir rasch noch ein paar Zeilen schreiben – jetzt ist es ein langer Bericht geworden.

> *Nimm für heute viele innige Küsse*
> *und grüß die Kleinen!*
> *Immer dein Hans*

EINE MÄRCHENBALLADE

Fern im Osten, tief im Kriege,
meilenweit entfernt von Hause,
froh umrankt vom Grün der Bäume
stehet abseits eine Klause   (das Kasino)

Wenn der Sonne Lichterwagen
ihre Himmelsbahn umgleiten,
nüchtern feldgraue Gestalten
würdig dort zur Atzung schreiten.

Sinkt die Sonne in die Arme
einer sinnlich-warmen Nacht,
in der grün umrankten Klause
Geisterleben jäh erwacht.

Elfen, Zwerge, Nymphen, Faune   (das Wandbild
stehen sprachlos an den Scheiben,   „Bacchanal")
und sie schauen in ein Zimmer
auf ein fröhlich-tolles Treiben.

Witze springen wie die Blitze,
Funken sprühn von Sitz zu Sitze,
und im Raume herrscht ein Lachen
was muss das für Freude machen!

Becher winken, Becher kreisen,
kaum gefüllet, schon geleeret,
womit man ganz offensichtlich
sich verspottet und sich ehret.

In dem Lichterglanze blitzen
Spiegel, Orden, Sterne.
Ja, das sehn die kleinen Elfen
allemal doch gar zu gerne!

Staunend hören sie die Laute,
einer scheint ganz toll zu prahlen   (Kollege L.)
mit der dröhnend schweren Stimme
in dem Urlaut der Westfalen.
Andre singen wie die Sachsen,   (Kommandant)
jodeln wie die Steiermärker,   (Arzt)
bald ist nichts mehr zu verstehen,
denn der Stimmaufwand wird stärker.

Und die Freude macht die Männer
offensichtlich wie zu Kindern,
perlet kühler Sekt im Glase,
frisch geräubert von den Indern.

Angesteckt von diesem Tosen,
lebensfrisch, vergnügt und munter,
tauchen manchmal rote Hosen   (General
frohgemut im Trubel unter.   Speidel)

Mit dem letzten Glockenschlage
ist der Spuk verschwunden,
und die grün umrankte Klause
wartet still der Morgenstunden.

Elfen, Zwerge, Nymphen, Faune
lachend schnell von dannen schweben,
in der Ferne zeugt ein Singen
noch von frohem Freundes-Kreise,
hallt hinüber in den Morgen –
in des Ernstes Arbeitsweise.

8. März 1943.

An

V A

V.A.
MRZ 1943

Ag.=Chef

3099/439

Betr.: Beförderung des Oberkriegs-
gerichtsrats Dr.Meier-Branecke.

- 1 Anlage -

Es wird gebeten, den Oberkriegsgerichtsrat

Dr. Meier - Branecke zur Beförderung zum Ministerialrat

vorzuschlagen und ihn mit Wirkung vom 1.Februar 1943 in

die Planstelle einzuweisen.

Eine Beurteilung ist beigefügt.

Im Auftrage

Dr. Sack

Der Chef der Ag HR Wes

(Dienststelle)

Berlin , ben 8.März 1943

Begl.Abschrift

Beurteilung
(für Wehrmachtbeamte — Heer —)

Anlaß der Vorlage [1]: Beförderung

über den

Oberkriegsgerichtsrat Dr.Meier-Branecke,Hans   HR Ag HR Wes

(Amtsbezeichnung [2])   (Zuname)   (Vorname)   (Dienststelle)

Geboren am: 4.Juli 1900   Letzte Friedensdienststelle [4]: Oberkommando des Heeres
(Wehrbezirkskommando)   Ag HR Wes

Verheiratet: ja   Kinder: 2

Laufbahn [5]: höherer Heeresjustizdienst   Datum der Anstellung   1.März 1939
oder letzten Beförderung:

Art der Verwendung seit Beginn des Krieges:

als Oberkriegsgerichtsrat	von 26.8.39	bis 26.9.39	bei	Gericht des Kdrs.d Ers.Truppen V
"	27.9.39	14.4.41	"	OKH – Ag HR Wes
"	15.4.41	31.7.41	"	Gericht des AOK
"	1.8.41	jetzt	"	OKH-Ag HR Wes

1. Kurze Beurteilung [5][6]:
Persönlichkeitswert,
Charaktereigenschaften,
dienstliche Fähigkeiten,
dienstliche Leistungen,
dienstliches und außerdienstliches Verhalten,
soldatische Eignung.

Gereifte u.ausgeprägte Persönlichkeit,zuwei-
len etwas eckig und gehemmt erscheinend,hoch
anständiger offener Charakter,ausgespro-che
ner Gerechtigkeitssinn,weit über dem Durchschnitt begabt,hervorragendes Fachwissen,grö-
tes Interesse,gute Allgemeinbildung,großer
Fleiß,ausgesprochene Veranlagung für wissen-
schaftliche Betätigung.Als Gr.Leiter-Stellv.
u.zeitweise Gr.Leiter bewährt.Dienstl.u.auße
dienstliches Verhalten einwandfrei,kamerad-
schaftlich.

2. Sprachkenntnisse:
(dabei abgelegte Prüfungen — Jahr —)

3. Wie wird die jetzige Stellung ausgefüllt [5]?

Zur vollsten Zufriedenheit,auch als Gr.Lei-
ter u.Gr.L.Stellv.

4. a) Eignung zur nächsthöheren Verwendung [5]:
b) Angabe, ob Beförderungsvorschlag
vorgelegt wurde (Datum des Vorschlags):

Zur Beförderung uneingeschränkt geeignet.

5. Eignung für besondere oder anderweitige
Verwendung [5]:

6. Wann und zu welchen Punkten einer
etwaigen ungünstigen Beurteilung hat
Eröffnung stattgefunden?

für die Richtigkeit   gez.Dr.Sack
(Unterschrift)
Angestellter
Ministerialdirektor u.Ag.-Chef
(Dienstgrad und Dienststellung)
wenden!

Mein Vater hatte in Berlin einen einflussreichen Fürsprecher. Schon im März 1943 hatte sich Chef-Heeresrichter Sack an höchster Stelle für seine Beförderung zum Oberstkriegsgerichtsrat und Ministerialrat (Jahresgehalt 8400–12600 RM = 25.200–37.800 Euro) eingesetzt. Der von Sack unterzeichnete Antrag und eine Beurteilung der charakterlichen und beruflichen Fähigkeiten sind in den Akten erhalten geblieben. Man weiß heute von Sack, dass er zielstrebig versuchte, zur Humanisierung der Militärjustiz in den härter werdenden Kriegsszenarien der Ostfront „die richtigen Männer in besondere Positionen zu bringen und durch indirekte Einflussnahme Prozessabläufe günstig zu beeinflussen"*

Am 18. Juni 1941 war der deutsch-türkische Freundschaftsvertrag geschlossen worden, der den wachsenden Einfluss Englands im östlichen Mittelmeerraum eindämmen sollte. Der folgende Brief berichtet vom Besuch hoher türkischer Militärs an der Ostfront, der offenbar vor allem der Stimmungspflege dienen sollte.

---

* Dr. Karl Sack – ein Widerstandskämpfer aus Bosenheim. „Bekenntnis und Widerstand", 1985. Hrg. Stephan Dignath, S. 65

DER OBERBEFEHLSHABER

Armeeabteilung Kempf

Armee Oef. Std. 25. Juni 1943

Herrn

Oberstkriegsgerichtsrat Dr. Meier-Branecke!

Es würde mir eine Freude sein, wenn ich Sie anläßlich des Besuches des türkischen Generalobersten Toydemyr am 26. Juni 19.oo Uhr als mein Gast im Kasino des Führungsstabes begrüßen könnte.

Mein liebster Schatz,

es ist ein Uhr nachts, und die beiden Feiertage mit der tür-
kischen Militär-Delegation sind zu Ende. Eben erst komme
ich heim und will dir noch schnell einen Gruß senden. Denn
die Herren fliegen morgen schon sehr früh mit einer „Kondor"
nach Berlin, und ich will ihnen diese Zeilen mitgeben. Ges-
tern Abend gab es zunächst mehrere Vorspeisen, dann sehr
gute Bouillon, Karpfen blau, Kotelett auf ukrainisch, Eis,
Champagner und Mokka. Die Türken, mit denen man sich
nur auf französisch verständigen konnte, gingen früh und
anschließend war es noch sehr gemütlich. Der OB, Gene-
ral Hauser und einige andere Herren waren in bester Stim-
mung. Heute, am zweiten Besuchstag, wurde für die Gäste
eine fabelhafte Varieté-Vorstellung von Soldaten dargeboten
– so gut, wie ich sie selbst in Berlin selten sah. Als die Türken
gingen, holte mich der OB an seinen Tisch. Dort saß auch
Oberst Graf Strachwitz, der berühmteste Panzerführer des
Heeres und Eichenlaubträger. Es ist ein riesig netter Kreis,
und ich bin immer wieder erfreut, wie ich bei allem einbezo-
gen werde.

An unserem Gericht war diese Woche Hochbetrieb, eine drei-
tägige Sitzung von größter Schwierigkeit (Indizienbeweis).
Es ging um die Selbstverstümmelung eines Offiziers, der
als Draufgänger bekannt ist und EK I trägt. Unter ande-
rem war auch der Schieß-Sachverständige und bekannte
Chirurg Prof. Brüning aus Berlin geladen. Ich habe an der
Sache größtenteils nur als Zuhörer teilgenommen, weil ich
das Urteil begutachten muss. Morgen früh fahre ich dann
mit dem riesig netten katholischen Pfarrer, den sie hier den
„Seelenstaubsauger" nennen, zu einer frontnahen Division,
um das Gericht zu überprüfen und mit dem Gerichtsherrn

und dem Adjutanten aktuelle Fragen zu besprechen. Meine Tätigkeit hier ist wirklich verantwortungsvoll. Alle Sachen gegen Offiziere und Beamte und alle Urteile über 5 Jahre, insbesondere Todesurteile, kommen aus dem ganzen Bereich zu mir, da der OB dafür zuständig ist. Also alle bedeutungsvollen Sachen, wobei bei Todesurteilen immer beim OB (und mir) die Entscheidung liegt, ob sie sogleich ohne Rücksicht auf das Gnadengesuch zu vollstrecken sind, oder ob er sie aussetzt. Ferner hat der OB das Gnadenrecht bei Strafen bis zu drei Jahren. Auch seine Rechtsberatung in allgemeinen Fragen ist nicht ohne Bedeutung. In der Hauptsache habe ich aber mit Verwaltungsgeschäften zu tun bezüglich der unterstellten Gerichte (Dienstaufsicht, Beratung und Besprechung mit Richtern, Versetzungs- und Urlaubsgesuche, Erlass oder Weitergabe von fachlichen Verordnungen usw.). Die meisten Richter sind in Ordnung, nur einen habe ich wegen Oberflächlichkeit und Schlamperei „auf dem Strich", so dass ich in Kürze das Erforderliche veranlassen werde.

In meinem Dienstzimmer liegt jetzt übrigens ein wertvoller großer Teppich, den ich mit Generalfeldmarschall von Manstein gemeinsam benutze. Das heißt, wenn der Marschall im Gästehaus zu Besuch weilt, wird er dorthin geschafft, sonst steht er mir zur Verfügung. Als er neulich hier war, haben wir ihn leider sehr gestört. Wir saßen zu mehreren spätabends bei Vollmond auf meiner Terrasse, haben Volks- und Studentenlieder gesungen und Sekt getrunken, bis der Marschall uns wissen ließ, er sei sehr müde und wolle endlich schlafen.

In Tunis ist ja nun die Sache leider schiefgegangen, trotz des Heldenmutes unserer Truppen und der fabelhaften Gebirgsstellungen. Außer Rommel fiel wohl alles in Gefangenschaft. Oberstkriegsgerichtsrat J., der mehr als ein Jahr Armeerich-

ter in Afrika war, erzählte neulich, Rommel sei eine sehr
kühle Natur, für den seine Mitarbeiter nur Nummern wären.

Wenn dieser Brief eintrifft, steht ja unseres Marliebchens
5. Geburtstag vor der Tür. Möge das süße kleine Wesen sich
weiterhin zu unserer Freude entfalten, immer so lieb bleiben
und endlich auch körperlich aufblühen! Feiert nur recht froh
im Gedenken an den fernen und doch so nahen Papi, dessen
eigenen Geburtstag Ihr leider wieder nur zu dritt begehen
könnt. Hoffentlich ist mein Päckchen mit der „Lala" und den
zwei Flaschen Öl für das Goldkind rechtzeitig bei euch!
 Aus fernem Lande grüßt euch alle drei in treuer Liebe
 euer Hans und Papi

04.07.1943

Mein geliebter Herzensschatz!
Ein schöner Tag geht zur Neige, ich sitze in meinem blumen-
geschmückten Zimmer, und meine Gedanken schweifen zu
euch Lieben! Alle eure Geburtstagspost ist rechtzeitig eingetroffen, Mutters und Hedes Briefe wurden mir beim Abendessen überreicht, und von den Süßigkeiten der beiden Päckchen schleckere ich seit Tagen. Eine ganz große Freude war
mir auch dein so lieber, warmherziger Brief – mögen alle
guten Wünsche schnell und vollständig in Erfüllung gehen!
Nun will ich vom Verlauf der letzten turbulenten Tage
berichten!
Am Freitag war ein Kameradschaftsabend für den gesam-
ten Stab, einschl. Unteroffiziere und Mannschaften; der OB
war gerade beim Führer gewesen und hielt eine sehr, sehr
„kernige" Ansprache. Nach einigen Schoppen Rotwein gab es
nebenan Varieté, die Kräfte sind von der Propaganda-Kom-
panie oder Einheimische. Der Fahrrad-Artist trat wieder

Musikalische
Kostbarkeiten

Dirigent: Soldat Gerhart Stiebler
Chor und Orchester der Oper ~~Charkow~~ Charkow

Solisten:

Stasja Fronckjewitsch, Klavier
Kapitoline Sadoroshnaja, Sopran
Melanie Solotjko, Sopran
Endokie Koroljkowa, Sopran
Tamara Goroneskul, Alt

Spielfolge

1. Ouvertüre zur Oper „Die Entführung aus dem Serail" . . W. A. Mozart
2. Drei Orchesterlieder . . . . Richard Strauss

    a) Freundliche Vision
    b) Traum durch die Dämmerung
    (Tamara Goroneskul)
    c) Cäcilie
    (Kapitoline Sadoroshnaja)

3. Deutsche Feiermusik . . . . Joh. Seb. Bach

    a) Tönet, ihr Pauken! Erschallet, Trompeten!
    b) Hans Sachs' Lobspruch auf Nürnberg
    c) Nun ist das Heil unserm Volk

4. Slawischer Marsch . . . . Peter Tschaikowsky

Pause

5. Kleines Präludium . . . . Armas Järnefelt
6. Fantasie für Klavier und Orchester . . . . W. A. Mozart
    (Stasja Fronckjewitsch)

7. Air aus der Suite in D-Dur . . . . Joh. Seb. Bach
8. Ariette des Ännchen aus „Der Freischütz" . . . . . . C. M. von Weber
    (Antonina Pigarjowa)

9. Ballettmusik Nr. 2 aus „Rosamunde" . . . . Franz Schubert
10. Arie der Agathe aus „Der Freischütz" . . . . C. M. von Weber
    (Melanie Solotjko)

11. Apotheose des Hans Sachs
    aus „Die Meistersinger von Nürnberg" . . . . Richard Wagner

---

Veranstalter: Erika Propagandakompanie

393—43

auf, er ist im Frieden am „Wintergarten" in Berlin und einer der höchstbezahlten Artisten Europas. Es ist unfasslich und zum Teil auch urkomisch, was er produziert. – Meine Geburtstagsfeier war auf gestern Abend angesetzt. Hierzu hatte ich auch D. geladen. Er kam vormittags mit dem Flugzeug aus Berlin und meldete sich um 11 Uhr beim OB. Ich hatte das so eingefädelt, damit er hier mal von unserem Gericht einen persönlichen Eindruck gewann. Das ist mir voll und ganz gelungen! Denn D. sagte mir – was er abends in seiner Tischrede wiederholte – ein solches Lob eines Oberbefehlshabers über seinen Oberstkriegsgerichtsrat hätte er überhaupt noch nicht gehört (aber bitte nicht Mutter und Hede in dieser Stärke wiedergeben!). Auch im praktischen Betrieb konnte er sich selbst überzeugen, wie anständig hier gearbeitet wird. D. ist in Berlin am Reichskriegsgericht, kennt Sack und Lehmann, den Chef der Wehrmachtsrechtsabteilung, genauestens und ist der denkbar beste „Ruf-Vermittler". Für nachmittags hatte ich Theaterkarten besorgt, es gab in der Oper ein Konzert „Musikalische Kostbarkeiten" (Programm anbei). Das Orchester ist ausgezeichnet, Dirigent war ein Unteroffizier der Programm-Kompanie, der im Frieden Magdeburger Operndirigent war. Anschließend waren wir noch im Tiergarten, wo allerdings die Großtiere meist verhungert sind; es gibt noch Bären, Eisbären, Affen usw. Abends um 20.15 Uhr startete dann das Fest. Wir haben erst zusammen gegessen, dazu gab's Schorle, anschließend große Mengen „Türkenblut" (Sekt und Rotwein gemischt). Da dies ein schweres Getränk ist, gab es bald eine Bombenstimmung. Um 24 Uhr hielt dann D. die Geburtstagsrede auf mich. Es gab urkomische Szenen, etwa als der Stabsarzt irrtümlich auf seinen (!) Geburtstag trank, worauf ich zum Stabsarzt ernannt wurde, oder als Oberst Hasse mit O. tanzte. Heute

früh fand ich wunderbare Blumen in meinem Dienstzimmer
vor. Um elf Uhr kam General Speidel mit einer ganz kostba-
ren Flasche alten Burgunders, um mir zu gratulieren und
mich zum Essen aufzufordern. Der OB war fortgeflogen und
hatte mir anliegendes hübsches Verschen zugedacht, mit
einer Flasche Sekt und einer Flasche Rotwein. Ist das nicht
reizend? Heb es bitte auf! D. ist heute ganz früh nach Berlin
zurückgeflogen. Er sagte mir, dass ich auf Sacks Wunsch hin
die „Quellen-Sammlung" (ein von Keller seinerzeit herge-
stelltes Handbuch für die Richter im Kriege) neu bearbeiten
soll (als Gruppenleiter III in Berlin) und zwar anscheinend
ab Herbst. Ich selbst würde gern noch 2–3 Monate hier blei-
ben. Abgesehen davon, dass das wohl sowieso vorgesehen
ist, glaube ich auch in deinem Sinne gehandelt zu haben,
mein Schätzchen! Vor allem bekomme ich nach Ablauf von
6 Monaten mehr Urlaub (der ja in der Heimat jetzt gekürzt
ist). Es wäre auch schade, wenn ich hier, wo alles so zufrie-
denstellend läuft, zu früh herausgerissen würde. Ein Kom-
mando als Oberstkriegsgerichtsrat von 4 Monaten ist,
dienstlich gesehen, zu kurz. Ich will auch versuchen, dass ich
euch und mir noch recht viel Öl beschaffen kann; ich möchte
für Berlin einen Vorrat sammeln. Ich will versuchen, dass es
in Berlin so eingerichtet wird, dass ich spätestens zu unse-
rem zehnjährigen Hochzeitstag bei dir bin.
Morgen schicke ich ein Päckchen ab mit 1 Flasche Öl und
einigen Kleinigkeiten für die Kinder (u. a. ein Riegel echte
Schokolade, die zu essen ich allen Versuchungen widerstan-
den habe). Und dir, mein süßer Schatz, lass gesagt sein, dass
du mein ganzes Glück und treuer Lebenskamerad bist, den
ich innig und von Herzen liebe und immer ganz glücklich
machen will! Nimm einen sehr süßen Kuss von
    deinem Hans

Heil dem Geburtstagskinde!

Der Kater – heute – sei gelinde?

Zur Schaffung neuen Mutes

Anbei ein Tropfen Türkenblutes.

Mit herzlichsten Wünschen Ihr Kempf

Kameradschaftsabend der Armeeabteilung Kempf in der Ukraine, 02. 07. 1943. Mein Vater, stehend, r., im Gespräch mit dem General-arzt

Meine Allerliebste,

schon wieder ist die Zeit wie im Fluge vergangen, seit ich meinen letzten Brief an dich absandte. Am Montag war ich nahe der Front beim OB; ich hatte mit ihm und General Speidel wichtige Besprechungen. Es geht um das Urteil gegen einen Regimentskommandeur (Dienstpflichtverletzungen – sehr zweifelhaft und juristisch schwierig). Beisitzer bei Gericht waren der Armee-Pionierführer und der Kommandeur eines Panzerregiments (Eichenlaubträger). Als Sachverständiger für militärische Fragen fungierte ein kommandierender General. Die Verhandlung dauerte von 15–20 Uhr (5 Zeugen, 1 medizinischer und 2 militärische Sachverständige). Ergebnis: 1 Jahr Gefängnis und Rangverlust. Der OB rief am nächsten Morgen gleich an, um sich nach dem Ergebnis zu erkundigen.

Mit Speidel verstehe ich mich – besonders in bestimmter Hinsicht – blendend; er ist ein ganz prächtiger, sauber denkender und liebenswürdig-kluger Mann!

Auf dem Rückweg habe ich bei großer Hitze ein wunderbar erfrischendes Bad im Dnjepr genommen und anschließend das große Stauwerk besichtigt. Besonders die ungeheuren Turbinen und Generatoren haben mich sehr beeindruckt. Der Stausee ist der zweitgrößte der Welt (hinter dem Niagara) und fasst drei Milliarden Kubikmeter Wasser. – Heute früh der Rückflug war der schönste, den ich je gemacht habe – nämlich mit einer süßen kleinen „Messerschmidt Taifun", der Reisemaschine von Elli Beinhorn.

Dass mein Brief vom 17. Juni geöffnet wurde, ist ja widerlich! Drücke dich also vor allem in politischen und militärischen Fragen vorsichtig aus. Im übrigen keine pessimistische Haltung, besonders nicht in Briefen!

Ich bin in letzter Zeit, vor allem abends, in Gedanken viel
bei dir und sehne mich sehr nach meinem Schätzchen. Was
würde ich darum geben, wenn ich dich immer und jeden Tag
wieder im Arm halten könnte. Wie schön und innig wollten
wir uns die Abende gestalten, zusammen lesen, kosen usw.
– besonders „usw."

> *In tiefer, sehnsuchtsvoller Liebe bin ich*
> *dein Hans*

> Russland, 09. 07. 1943

Mein liebes Renikind, mein gutes Marliebchen!
Nun ist euer Papi schon so lange in der Ukraine, wo auch
unsere Anna* herstammt. Allerdings ist sie nicht hier direkt
zu Hause. Hier ist es heißer als bei euch und meistens Son-
nenschein. Die Kinder sind oft dreckig und sehr arm, aber
sie spielen auf der Straße wie deutsche Kinder und freuen
sich wie Ihr. Wenn ich durch die Stadt gehe, dann kommen
oft zwei Jungen angelaufen und fragen: „Onkel, Bon-Bon!"
Ich habe aber leider meistens keine, trotzdem laufen sie
noch lange hinter mir her und lachen mich vergnügt an. Die
Häuser sind hier viel niedriger als bei uns, mit Hühnern und
anderem Federvieh. Viele Ukrainer kauen auf der Straße
Sonnenblumenkerne, entweder im Gehen oder indem sie vor
ihren Häusern sitzen. Euer Papi selbst wohnt sehr schön;
er hat ein gutes Bett und sogar ein Badezimmer, in dem er
heute wieder baden wird. – Ich freue mich so, dass Ihr so lieb
und brav zur Oma und zur Tante Hede seid! Eure schönen,
selbstgemalten Bildchen stehen vor mir auf dem Schreib-
tisch. Wie gefällt es denn dir, mein Renikind, in der Schule?

> *Nun bleibt gesund und brav*
> *und seid tausendmal lieb gegrüßt von eurem Papi*

---

* Anna war unsere 17jährige ukrainische Haushaltshilfe

Liebste Edeltraud,

wo du wohl steckst und wie es dir geht? Seit deiner Karte
vor zehn Tagen habe ich noch kein Sterbenswörtchen von
dir gehört. Ich geniere mich direkt vor den anderen Herren
hier, die fast täglich von irgendwo her Post erhalten, während ich oft nur einmal, mitunter noch länger nichts erhalte.
Von Reni finde ich es auch gar nicht lieb, dass sie von sich
aus nur so selten den Wunsch hat, ihrem Papi zu schreiben! Aus anliegendem Brief an Mutter und Hede ersiehst du
meine derzeitigen Erlebnisse und Vorhaben. Hier ist es völlig
friedensmäßig, und wir fürchten oft, den Neid der Götter
zu erregen. Letzte Woche hatte ich wieder eine ganze Reihe
schwieriger Fälle. Mit Interesse sehe ich auch dem nächsten
Freitag entgegen, wenn ich Sack treffe.
Jetzt muss ich leider schließen, da das Konzert gleich
beginnt.

Fortsetzung nach dem Konzert:
Es war ein großer Genuss! Der Höhepunkt waren einige
Schubert-Lieder, die sehr beseelt und ergreifend vorgetra-
gen wurden. Im kleinen Kreis (25 Personen) wirkt das alles ja
viel unmittelbarer. Sehr gut auch Brahms, einige Arien (die
„Carmen" von der hiesigen Oper sang „Die Liebe vom Zigeu-
ner stammt."), außerdem ukrainische Volkslieder. Zwischen-
durch gab es in meinem Dienstzimmer an sechs Tischen
Tee, Kuchen und Likör. An meinem Tisch saß eine der drei
Sängerinnen, sehr nett und bescheiden, sieht absolut aus wie
eine Deutsche. Das Konzert selbst war nebenan in unserem
Sitzungssaal. Zum Schluss haben wir alle auf der herrlichen
Terrasse noch ein Glas Wein getrunken. Geladen war die
gesamte Führungsabteilung, dazu Gäste aus anderen Abtei-

lungen. Mit dem OB und General Speidel haben wir zuletzt
noch Witze erzählt, böser Art …
Übermorgen schreibe ich Näheres, morgen bin ich bei zwei
Divisionen. Ich hoffe sehr stark auf Post, vor allem muss ich
mal wieder hören, ob du mich noch liebst!

Dein Hans

14.07.1943

Mein Schätzchen,
da ich heute früh solch einen besonders liebe- und sehn-
suchtsvollen Brief von dir erhielt, will ich dir zum Lohn für
deine süßen Worte, die Balsam für mein Herz sind, gleich
antworten, zumal ich gerade eben blanken Tisch habe.
Ich fühle mich mit dir ja auch so im Tiefsten verbunden
und habe viel Sehnsucht nach dir. Ich weiß, dass wir noch
viel Schönes gemeinsam erleben werden. Auch die jetzige
gespannte Lage wird das nicht verhindern. Denk über sie
nicht zuviel nach, lass auch ruhig mal den Wehrmachts-
bericht ausfallen, um dich nicht unnütz aufzuregen! Alles
wirklich Wichtige erfährst du sowieso. Es geht vielen Men-
schen (auch hier!) so, dass die ständige Beschäftigung mit
dem Wehrmachtsbericht und der Lage an den Fronten sie
geradezu krank macht. Meine Einstellung ist folgende: der
gesamte bisherige Kriegsverlauf zeigt, dass das Schicksal
unbekümmert von den Absichten der Staatsmänner und
Heerführer seinen eigenen Weg geht. In dem Ganzen waltet
die Vorsehung, und die wird schon alles zum Besten kehren.
Wir haben ja auch in jeder Hinsicht ein reines Gewissen, uns
kann nichts erschüttern. – Dass Reni wieder ganz gesund
ist, freut mich ganz besonders; ich hatte mich schon etwas
gesorgt. Nun kann sie bei der sommerlichen Hitze tüchtig

schwimmen gehen, das fesche Sportsmädel! Einer meiner
Urgroßväter muss ein großer Sportsmann gewesen sein, das
hat sich wohl bei uns vererbt.

Dass bei euch die feindlichen Bomber nun sogar am Tage
fliegen, ist ja allerhand! Aber diese starken amerikanischen
Maschinen haben große Feuerkraft und sind als geschlosse-
ner Verband schwer angreifbar, dazu gehören große Mengen
Jäger.

Auf jeden Fall bin ich nicht für einen längeren Besuch mit
den Kindern in Braunschweig, obwohl ich die Stadt zur Zeit
noch nicht für besonders gefährdet halte. Denn die jetzige
Zone ist wohl: Frankfurt, Kassel, Hannover, Hildesheim,
Kiel, evtl. Stettin – Aber nicht daran herumgrübeln; was
kommen soll, kommt – und meist anders, als die Menschen
und ihre Führer denken.

Für heute Schluss! In einer Stunde fahre ich in die Stadt, wo
beim Kriegsgericht eine längere Verhandlung angesetzt ist.
Abends gehe ich in den „Freischütz", wo ich bei deinen Lieb-
lingsmelodien an dich denken werde.

    In steter treuer Liebe umarmt dich
    und die lieben Kleinen
    dein Hans

Den 26. Juli 1943

Lieber Papi!

War noch kein Alarm wider in Stuttgart, ist da auch schö-
nes Wetter. Wir haben heute Wäsche. Die Schildkröte krab-
belt immer lustig auf dem Balkong rum. Es hat in der Zei-
tung gestanden das man ihr Brot geben muss dann wird sie
ganz zahm. Wir haben von Frau Zechel einen kleinen Ball
geschengt gekrigt. Ich spiele jetzt immer mit Gisela. Heute
haben wir in der Schule gerechnet da habe ich wider 0 Feler
gemacht. Nun sende ich dir viele liebe Kusschen

Deine Renate!!!!

06. 08. 1943

Mein liebes Herz,
über das mir heute verliehene KVK I. Klasse mit Schwer-
tern* habe ich mich recht gefreut und will es dir doch gleich
berichten. Es ist nicht nur nach der kurzen Zeit meines
Hierseins eine schöne Anerkennung, sondern überhaupt eine
Kriegsauszeichnung, die einen gewissen Wert hat. Beson-
ders aber freut mich folgendes: Der OB hatte ja an General
Müller, dem die Heeresjustiz in militärischer Hinsicht unter-
steht, geschrieben, um die Beförderung der Kollegen L. und
Sch. zu befürworten. General Kempf ließ mir nun Müllers
Antwort zuleiten, in der es wörtlich heißt: „Es war für mich

---

* Kriegsverdienstkreuz

86

wie für die Heeresjustiz sehr erfreulich zu hören, dass Heeresrichtern von einem Oberbefehlshaber so uneingeschränkte Anerkennung ausgesprochen werden konnte. Ich freue mich, dass Sie in Dr. Meier-Branecke einen tüchtigen Rechtsberater haben; das ist bei der schwierigen Aufgabe der Aufrechterhaltung von Disziplin und Manneszucht gerade heute ein unschätzbarer Vorteil." – Müllers Worte sind ehrenvoll, entspringen aber einer ganz einseitigen Auffassung. Nicht auf das Gesagte kommt es für mich an, sondern auf Gesetzestreue und Gerechtigkeit!

Und nun die betrübliche Nachricht, die uns hier alle sehr bewegt: Unser OB, der gute General Kempf, ist abgelöst! Er rief mich an und sagte, ich möchte zum Essen kommen, aber keine Akten mitbringen, er wolle sich im engsten Kreis verabschieden. Am letzten Samstag war ich noch bei ihm zum Vortrag. General Speidel hatte zwar gewisse Andeutungen gemacht, dass der OB und er selbst möglicherweise gehen müssten (wegen Meinungsverschiedenheiten mit höheren Stellen), doch nahm ich es in dieser Form zunächst nicht ernst. Als ich vorgestern zum OB herausfuhr, bat er mich vor Tisch zu sich. Wir nahmen in bewegten Worten voneinander Abschied und wollen auch später Fühlung miteinander halten. Zugleich schenkte er mir sein Bild mit einer sehr persönlichen Widmung.

Heute Nachmittag rief nun Kollege D. an, der aus dem Urlaub in Berlin zurück ist. Er hat dort einen Luftangriff miterlebt, der weit schwerer war als der im März. Es sind ungeheure Brände gewesen, so dass die Stadt am anderen Morgen noch teilweise verdunkelt war. Die Zahl der Toten und Obdachlosen sei sehr groß. D. hat mit Sack über meine Verwendung gesprochen, danach soll ich noch 1–2 Monate hier bleiben und dann zurückversetzt werden. Ob nach

Berlin oder ins Hauptquartier, steht noch nicht fest. Auf jeden Fall werde ich jetzt Urlaub ab 15. September beantragen und dann einiges Gute und Nahrhafte für euch mitbringen. Eine Kiste ist bereits gepackt und geht demnächst ab. Sie enthält 4 Flaschen Sekt, 2 Flaschen Rotwein, 1 Flasche Kognak und mehrere Flaschen frisches Sonnenblumenöl, dazu einige gute Bücher aus der Frontbuchhandlung für dich und die Kinder. Es ist für mich doch das Allerschönste, wenn ich aus der Ferne für meine Lieben sorgen kann! – Hier habe ich noch einige Flaschen Sekt stehen, doch leider darf ich in der nächsten Zeit keinen Alkohol trinken, da ich mir, wie viele Herren hier, eine Gelbsucht zugezogen habe. Ich fühle mich oft schlapp und appetitlos, habe aber sonst wenig Beschwerden. Glücklicherweise bekomme ich jetzt öfter Obst, fast täglich Kirschen oder Himbeeren. Und zwar entweder im Kasino, von meinen Wirtsleuten, oder in fremden Gärten, in denen wir ungeniert naschen. Das ist aber auch unsere einzige feindselige Handlung gegen die hiesige nette Bevölkerung.

Vielleicht bin ich ja in fünf Wochen schon bei dir, mein süßes Schätzchen! Ich kann es kaum erwarten, dich voller Liebe und Sehnsucht in die Arme zu schließen.

    Innigst, dein Hanselmann

Auch das Schreiben von General Kempf an den Chef der Wehr-machtsrechtsabteilung, General Müller, das mein Vater in seinem Brief erwähnt, hat sich in den Akten des Aachener Bun-desarchivs erhalten. Nicht gewusst hat er aber wohl, welch positive Worte der OB hier für seine richterliche Tätigkeit fand.

Hintergrund der erwähnten Ablösung von Panzergene-ral Kempf war vermutlich, dass die Panzerschlacht im Kurs-ker Frontbogen gescheitert war. Hitler brach das „Unterneh-men Zitadelle" ab, weil am 10. Juli 1943 die Westalliierten auf Sizilien gelandet waren und starke Kräfte nach Italien verlegt werden mussten. Bereits am 22. August ging Charkow, der bis-herige Einsatzort meines Vaters, an die Russen verloren. Nach-folger von General Kempf als Oberbefehlshaber wurde der Infanterie-General Otto Wöhler.

Der Oberbefehlshaber   Armee Gef.Std., den 19. Juli 1943
Armeeabteilung Kempf

Lieber Herr Müller!

Bitte, erlauben Sie mir, dass ich Ihre Zeit mit
nachfolgender Angelegenheit in Anspruch nehme:

Bei der Armee-Abteilung sind die Kriegsgerichtsräte
d.R. Dr. Lutterbey und Dr. Schlüter tätig. Beide sind
vor kurzem zur Beförderung zu Oberkriegsgerichtsräten
eingegeben. Ich wäre Ihnen ausserordentlich dankbar,
wenn Sie die Beförderung dieser beiden Kriegsgerichtsräte
unterstützen bezw. durchsetzen könnten. Beide sind juristisch hervorragende Persönlichkeiten mit bester soldati-
scher und kameradschaftlicher Einstellung. Die Leistungen
beider Herren stehen weit über dem Durchschnitt. Für Ihre
Mühe darf ich Ihnen im voraus meinen aufrichtigsten Dank
sagen.

Ich möchte diese Gelegenheit benutzen, um Ihnen mitzu-
teilen, dass die Armee-Abteilung in dem Oberstkriegsgerichtsrat Dr. Meier-Braneke einen ganz hervorragenden
Armeerichter besitzt. Ich bin sehr glücklich, dass dieser
tüchtige Mensch und überragend kluge und gewandte Jurist
seiner Zeit hierher versetzt wurde. Dr. Meier-Braneke ist
für mich eine Stütze auf dem Gebiet des Gerichtswesens,
wie sie besser nicht gedacht werden kann. Welche Bedeutung
ich der Kriegsgerichtsbarkeit für die Truppe beimesse,
wissen Sie von meinen Ausführungen, die ich Ihnen gelegentlich des 1. Divisionsführer-Lehrganges machen konnte.

Mit bestem Gruss und

Heil Hitler

Ihr sehr ergebener

gez. K e m p f

General der Panzertruppe.

Mein liebes Herz,

seit gestern sind wir nun im 5. Kriegsjahr – wer hätte das damals gedacht, als wir am letzten Friedensabend noch bei uns feierten und unsere Heere zunächst diese unvergleichlichen Erfolge hatten! Jetzt war ja auf Mannheim-Ludwigshafen wieder ein sehr schwerer Angriff – wann wird nun unser Stuttgart fällig sein? Ich sehe für unsere Wohnung und Einrichtung sehr schwarz. Aber was hilft's; lieber alles verlieren, nur nicht von Gangstern beherrscht werden, die Deutschland ins größte Unglück stürzen. Da wollen wir lieber die schwersten Opfer bringen – und ich bringe dafür jedes Opfer freudig! Dass die Engländer nun sogar in Süditalien Fuß fassen, ist ja toll. Mit ihrer „Invasion" scheinen sie und die Amerikaner dagegen nicht zu Stuhle zu kommen, sie verpassen die richtige Zeit! Um mich und meine Sicherheit sollst du dir aber nicht ständig Sorgen machen, Schätzchen! Was hat die Härte der schweren Kämpfe vorn mit unserer persönlichen Sicherheit zu tun? Wir sind doch weit vom Schuss, und sollte der Russe weiter vordringen, würden wir selbstverständlich rechtzeitig zurückverlegt. Wir brauchen doch nur unser Dienstgepäck auf LKWs verladen zu lassen und selbst in unsere PKWs einzusteigen. Unser neuer OB, General Wöhler, der uns heute früh begrüßt hat, äußerte sich auch sehr zuversichtlich, dass die Ostfront hält. Eines ist sicher: Je schwerer die Zeiten werden, umso mehr schweißt uns das zusammen, und wir finden das Glück in uns und unseren Kindern. – Hat Marlis inzwischen den Mumps gut überstanden? Nach dem süßen kleinen Herzchen habe ich auch solche Sehnsucht! Während ich schrieb, kam vorhin Olga, unsere 32jährige, recht hübsche Aufwartung und Reinemachefrau, um mir ein „Geständnis" zu machen. Sie sieht – was wir schon ahnten, *in wenigen Monaten Mutterfreuden entgegen. Da sie selbst nur das besitzt, was sie auf dem Leibe trägt, ist uns schleierhaft, wie dieser ukrainisch-deutsche Mischling (ein Soldat in Poltawa war der Täter) aufwachsen und existieren soll. Sie wollte abtreiben lassen, aber der ukrainische Arzt hat 1000 RM* verlangt! Außerdem ist sie bereits im 6. Monat. Sie fürchtete, von uns an die Luft gesetzt zu werden, was natürlich Unsinn ist.*

Diesem Brief füge ich eine Bescheinigung betr. Anna für das Arbeitsamt bei. Lass dir evtl. einen persönlichen Vorsprachetermin geben.

> *In Liebe und Sehnsucht umarmt dich*
> *dein Hans*

Anna, unsere 17jährige Haushaltshilfe, war 1942 aus der Ukraine ins Reich zwangsverschleppt worden, wie drei Millionen Landsleute, die den notorischen Arbeitskräftemangel in Deutschland ausgleichen sollten. Niemand fand offenbar damals etwas dabei, halbe Kinder ins Ausland zu deportieren.

Als Anna zu uns kam, schluchzte sie wie ein Kind. Meine Mutter steckte sie samt Kleidung in die Badewanne und schnitt ihr das enggelockte rotblonde Haar kurz, in dem Läuse Unterschlupf gefunden hatten. Anna gewöhnte sich erstaunlich schnell an uns, sie wurde endlich einmal satt und bewohnte ein eigenes Zimmer, ein Luxus, den sie in der Heimat nicht gekannt hatte. Sie lernte rasch etwas Deutsch und war lieb und duldsam mit uns Kindern. In Mutters abgelegten Kleidern sah sie wunderhübsch aus; das bemerkte auch ein französischer Kriegsgefangener aus der Nachbarschaft, mit dem Anna in den Wirren der letzten Kriegstage auf Nimmerwiedersehen verschwand.

---

* ca. 3000 Euro

Oberstkriegsgerichtsrat
Dr.Meier-Branecke,
Feldpost-Nr.44 644.

An

das Arbeitsamt Alfeld,

Zweigstelle Holzminden a.Weser.

Betr.: Belassung einer ukrainischen
Hausgehilfin.

Im November 1942 ist mir die ukrainische Hausgehilfin Anna
Burmaka, geb. 1926 in Kabanje, vom Arbeitsamt Stuttgart zugewiesen.

Da ich im Felde stehe, hält sich meine Familie mit Rücksicht
auf die in Stuttgart bestehende Fliegergefahr seit März d.J. bei meiner
Mutter in Stadtoldendorf, Eberbachstr.8 auf. Wir haben die Absicht,
endgültig nach dort überzusiedeln. Das Arbeitsamt Stuttgart hat am
30.11.1943 die Uebersiedlung der Anna Burmaka genehmigt.

Ich bitte, mir die Anna Burmaka auch künftig als Hausgehilfin
zu belassen. Wir benötigen sie aus folgenden Gründen dringend:

1) Wir haben 2 kleine Kinder von 5 und 8 Jahren.

2) Meine Mutter ist 86 Jahre alt und pflegebedürftig.

   Sie ist alleinstehend und bisher von meiner einzigen Schwester Hedwig
   versorgt. Meine Schwester hat am 5.10.1943 nach ausserhalb auf einen
   Erbhof geheiratet und ist infolge Personalmangels selbst mit Arbeit
   überhäuft. Die Pflege meiner Mutter, die infolge ihres Alters auch
   nicht mehr aus Stadtoldendorf verpflanzt werden kann, hat daher
   meine Frau übernehmen müssen.

   (Beweis: Auskunft der Polizeibehörde Stadtoldendorf).

3) Meine Frau ist sehr zart und hat sich, als sie vor der Zuweisung
   der Anna Burmaka einige Zeit ohne Hausgehilfin war, infolge der

·/.

körperlichen Ueberanstrengung (Kohlentragen zum 3.Stock usw.) in beiden Armen eine chronische Nerven-Entzündung zugezogen. Sie ist deswegen mehrere Monate bei Dr.med.Schöttle, Stuttgart sowie bei dem Nervenarzt Dr.Rittmeister in Behandlung gewesen. Attest des Dr.Rittmeister ist s.Zt. dem Arbeitsamt Stuttgart eingereicht. Bescheinigung des Dr.med.Schöttle wird in der Anlage beigefügt.

Da die Nervenentzündung noch nicht völlig abgeklungen ist, würde sie bei stärkerer Beanspruchung jederzeit aufs neue sich verschlimmern und meine Frau arbeitsunfähig machen.

4) Der bevorstehende Umzug erfordert besonders viel Arbeit, die meine Frau ohne Hausgehilfin unmöglich bewältigen kann. Hilfe von Verwandten steht nicht zur Verfügung. Meine einzige Schwester, die früher in Notfällen bei uns eingesprungen ist, hat sich, wie schon erwähnt, im Oktober d.J. auf einen landwirtschaftlichen Hof verheiratet.

Das Arbeitsamt Stuttgart hat die Notwendigkeit einer Hausgehilfin für unseren Haushalt anerkannt und daher die Uebersiedelung der Anna Burmaka mit meiner Frau genehmigt. Ich bemerke noch, dass ich im Sommer 1942 bereits eine andere Ukrainerin aus Winniza besorgt hatte (mit einem privaten Transport, durch Urlauber), die jedoch heimwehkrank wurde und daher von mir dem Arbeitsamt Stuttgart zur Verfügung gestellt ist. Sie ist darauf als Industriearbeiterin eingestellt und gemeinsam mit Landsleuten in einem Lager untergebracht worden. Als Ersatz für diese selbst beschaffte Kraft ist mir dann die Anna Burmaka zugewiesen worden.

Bei etwaigen Schwierigkeiten bitte ich den Schriftwechsel mit mir selbst führen zu wollen (Feldpost-Nr.44 644).

Oberstkriegsgerichtsrat.

94

Geliebter Schatz,

Dein Luftpostbrief vom 16. September erreichte mich bereits
gestern, also binnen 3 Tagen. Ist das nicht fabelhaft? Leider
sind die Neuigkeiten aus Stuttgart ja eine ziemliche Schre-
ckensbotschaft. Wie man sieht, wirft der Tommy jetzt gerade
in unserer Gegend öfter. Was mag auf der Hohenstaufen-
str. sonst noch alles passiert sein? Um die arme Familie L.
tut es mir entsetzlich leid! Dass in unserem uns so ans Herz
gewachsenen Heim, das wir mit so viel Liebe eingerichtet, ergänzt, geschont und gepflegt haben, nun wildfremde
Menschen einquartiert sind, ist ein einfach verheerender
Gedanke! Man darf gar nicht darüber nachdenken. Wen
bitten wir nur, dass er öfter mal nach dem Rechten sieht? Es
ist m. E. sehr wichtig, dass gelegentlich jemand vorbeischaut,
sonst fühlen sich diese fremden Menschen gänzlich als Herr
der Lage. Sie werden natürlich unser Geschirr benutzen
(sicher auch das gute Silberporzellan), unsere Kohlen verhei-
zen, die Nähmaschine benutzen. Soweit dies lebensnotwen-
dig ist, kann man sich ja nicht dagegen wehren. Wohl aber
müsste man darauf hinweisen, dass sie die Möbel, Bezüge
und Teppiche pfleglich behandeln, die polierten Möbel scho-
nen und auch nicht meine Bücher benutzen. Ferner haben
sie nicht an unsere Lebensmittelvorräte zu gehen. – Wie die
Sache auch aussehen mag; Hauptsache ist, dass der Umzug
nach Stadtoldendorf bald gelingt. – So ist man nicht mal
mehr Herr in der eigenen Wohnung – es sind wirklich „herr-
liche Zeiten"!
Reni solche Unarten, wie du sie berichtest, durch schriftli-
che Strafarbeiten auszutreiben, ist ein vorzüglicher Gedanke.
Dann prägt sich dieses Unrecht leichter ein. Außerdem

arbeite unnachsichtig mit dem Stock, wenn sie dir nicht
gehorchen – er schafft mehr Respekt und kann – im Gegen-
satz zur Ohrfeige – keinen gesundheitlichen Schaden stiften.
Es ist schlimm, dass du durch unsere dauernde Trennung
mit so vielen Problemen alleingelassen wirst!
Trotzdem Liebchen, Kopf hoch! Aus der Ferne begleite ich
  Dich auf allen Wegen mit meinen Gedanken.
  In treuer Liebe, dein Hans

29. 10. 1943

Geliebter, treuer Schatz,
nach den nüchternen Tatsachenberichten, die meine Briefe
an dich meistens enthalten, habe ich heute das Bedürf-
nis, dir mal wieder einen Liebesbrief zu schreiben, zumal
nach deinen Zeilen vom 21. des Monats, in denen du dich
um Hans-Herbert grämst. Wie kannst du nur sagen, es sei
„furchtbar, dass ich eine Frau aus solch einer Familie habe"?
Das klingt ja gerade so, als ob wir zwei Menschen seien,
die sich gegenseitig vorrechnen, was sie moralisch, geistig
oder gar finanziell mitbringen. Ich habe dich geheiratet,
weil ich dich liebe, und darin kann mich überhaupt nichts
irremachen, auch ein „missratener" Stiefbruder nicht! In
den zehn Jahren unserer Ehe sind wir so zusammengewach-
sen, dass ich nicht mehr zwischen „Deiner" und „meiner"
Familie unterscheide – es ist alles unsere Familie, und was
da kommt, trifft uns gemeinsam. Ich sage es dir heute noch
einmal: Ich liebe dich aus tiefstem Herzen, und deine treue
Liebe ist mein Lebensinhalt. Und außerdem bin ich verliebt
in dich, weil du so süß und zärtlich zu mir bist, was ich in
diesen düsteren Zeiten so nötig brauche. Wenn ich in deinem
Kummer doch nur bei dir wäre! Ich würde dich ganz fest ans

Herz drücken, und was ich sonst noch mit dir vorhätte, wird dem Papier nicht anvertraut!

Doch nun zu deinem Brief: Wenn es wirklich so ist, wie du schreibst, dass Hans-Herbert im Soldbuch die Eintragung „EK II" ausradiert und dafür „EK I"* eingetragen hat, so ist das natürlich echter Betrug – mit möglicherweise dramatischen Folgen für sein weiteres Leben. Wie konnte der dumme Bengel, nachdem er mit dem Löschen des Brandes auf seinem U-Boot (und damit der Rettung seiner Kameraden) eine echte Heldentat vollbracht hat, nur solch eine Torheit begehen!! Man weiß nicht, was größer ist, seine Dummheit oder seine Eitelkeit. Im günstigsten Fall ist hier nach meiner Erfahrung mit einer Arreststrafe, im ungünstigsten Fall mit 3–5 Monaten Gefängnis zu rechnen. Höchstwahrscheinlich wird die Strafe zur Frontbewährung ausgesetzt, was natürlich höchstes Risiko bedeutet. Dass ich in dieser Sache etwas unternehme, ist völlig zwecklos. Außerdem hast du ganz Recht – es ist für mich nicht angenehm, in einer solchen Sache als Schwager aufzutreten. Jedenfalls wird er sich die Beförderung zum Reserve-Offizier nun verpatzt haben, der dumme Bengel, und dazu die „reiche" Heirat mit Inge Z. Für Mutti tut mir die Sache sehr Leid, aber vielleicht sieht sie nun bei dem Jungen nicht mehr so in den „goldenen Topf" und wendet ihr Herz mehr ihrer Tochter zu. Mich regt das alles mäßig auf; in vielen Familien gibt es „enfants terribles", die aus der Art schlagen. Es war nur sehr unrecht, dass Mutti den Jungen so vor dir bevorzugt hat. – In unwandelbarer, zärtlicher Liebe bleibe ich bei allem, was kommen mag, immer

> *dein treuer Hans*

---

*E. K. I. = Eisernes Kreuz I. Klasse

Wir Töchter haben unsere Mutter nur selten heiter gesehen. Immer umgab sie etwas Gedämpftes, Abgeschirmtes, ein zarter Schleier von Melancholie. „Edeltraud ist ja so zart", hieß es in der Familie; sie forderte zu Schonung und Rücksicht geradezu heraus. Der Grund war wohl in ihrer Kindheit zu suchen. Unsere Großmutter, vermögende Erbin einer Braunschweiger Kaufmannsfamilie – man machte „in Kaffee" und fuhr das erste Automobil der Stadt – hatte in erster Ehe einen Mann geheiratet, der wohl vor allem auf das Geld sah. Die Ehe scheiterte früh – er hatte sie mit einer Geschlechtskrankheit angesteckt – und Mimi (so wurde sie von uns genannt) kehrte mit dem Makel einer „Geschiedenen" und ihrer kleinen Tochter ins Elternhaus zurück. Niemals wurde uns Kindern etwas über unseren Großvater erzählt, man hat ihn einfach totgeschwiegen. Erst als Erwachsene fiel mir ein Familienfoto in die Hände. Auf Nachfrage, wer denn der mit dem Specknacken und den vielen Schmissen sei, hieß es: „Das ist Meyer." – „Wer?" – „Na, dein Großvater!" – Einige Jahre nach ihrer Scheidung verheiratete sich unsere Großmutter neu. „Opa Harry" war ein Weltkrieg I-U-Boot-Offizier und späterer Kapitän beim Norddeutschen Lloyd. 1920 wurde ein Sohn geboren; Hans-Herbert, blond, hübsch, heiter – später U-Boot-Kadett wie sein Vater. Er war mein Patenonkel, und ich mochte ihn sehr, weil er herrlich mit uns albern konnte. Zu meinem 4. Geburtstag schenkte er mir eine Babypuppe mit Porzellankopf, die ich nie vergessen habe.

Von den Abgründen zwischen den Halbgeschwistern ahnte ich nichts. Nie wurde erwähnt, wie meine Mutter gelitten hatte, als sie durch die Geburt des Stiefbruders ins Abseits geriet. Und erst im Alter, lange nach dem Tod unserer Großmutter, verriet sie ein anderes düsteres Geheimnis: Ihr Stiefvater hatte ihr als Zwölfjährige unter den Rock gefasst und sie unsittlich berührt. Die zärtliche, besorgte Liebe meines Vaters half, diese Wunden zu lindern, ganz verheilt sind sie aber wohl nie.

Liebste Traudel,

heute fährt Kollege W. nach Göttingen in den Weihnachts-
urlaub; ich will ihm schnell einige Zeilen für euch mitgeben.
So wird mein Weihnachtsgruß hoffentlich pünktlich ankom-
men – und damit auch die Bescheinigung für das „Führer-
paket". Es gibt, soviel ich weiß, 5 kg Weizenmehl, 2 kg Nähr-
mittel, 1 kg Zucker, Marmelade und 1 Pfund Fett. Das Geld
(10 RM)* kannst du vielleicht für die „Winterhilfe" spenden.
Leider habe ich seit 14 Tagen keine Nachricht von dir und
weiß also nicht, ob der Umzug nach Stadtoldendorf plan-
mäßig verlaufen ist. Welche Arbeit für dich, Liebste, zumal
jetzt in der Weihnachtszeit und bei der strengen Kälte!
Aber im Interesse der Erhaltung unseres Hausstandes wirst
du sie gern getan haben, denn die neuerlichen Angriffe auf
Berlin, Bremen und andere Städte beweisen ja, wie gefähr-
lich die R. A. F. ist. In Berlin muss es ja ganz schlimm aus-
sehen! Was soll nur aus unserem schönen Lande werden,
und was mag das Jahr 1944 der Welt, Deutschland und uns
persönlich bringen? Zunächst sicher die Entscheidung des
Krieges, ferner viel Leid über die Menschheit! Wir selber
wollen hoffen, dass wir mit heiler Haut davonkommen und
auch unser Heim retten. – Einer von uns – du kennst ihn
aus Magdeburg – hat neulich dumm geredet und muss nun
gehen. Ich bin sehr niedergeschlagen, aber bei seinem lebhaf-
ten Temperament war so etwas fast vorhersehbar. Die Zeiten
sind schwer und werden immer härter.
Heute früh wollte ich Öl für euch kaufen lassen; es gab aber
keins. Der Basar war schlecht besucht, weil die Wege durch
Schneematsch praktisch unpassierbar sind. Aber ein drei-

---

* 30 Euro

viertel Pfund Butter habe ich gegen Schnaps eintauschen lassen, da wir morgens keine Butter mehr bekommen. Auch bei der Marschverpflegung gibt es keinerlei Fett mehr, und die Zigaretten- und Alkohol-Zuteilungen lassen ebenfalls deutlich nach. Die Räumungsaktion des Sommers beginnt, sich deutlich auszuwirken. Ich würde sehr bedauern, wenn ich von hieraus nicht mehr für euch sorgen könnte! Was ist von meinen letzten fünf Päckchen (2 x Öl, 2 Bücherpäck-chen, Zigaretten und Bols-Likör für euch zum Fest) bisher eingetroffen? Hoffentlich sind die über Berlin geschickten nicht verbrannt!

Nun steht das liebe Weihnachtsfest nah vor der Tür – das erste in unserer Ehe, das wir nicht gemeinsam verleben können. Ich hoffe aber, im März oder spätestens April wieder Urlaub zu bekommen. Diese Hoffnung lege ich dir, mein Schatz, als Geschenk unter den Weihnachtsbaum. Meine sonstigen Gaben für euch sind leider sehr dürftig. Außer den Büchern für dich und die Kinder habe ich nur Kleinigkeiten aus dem Marketender-Verkauf. – Trotz allem, mein Herzens-schatz, wünsche ich dir im Kreise aller Lieben ein schönes, stimmungsvolles Fest! Hoffentlich habt Ihr es warm und seid alle gesund. Die 1500 km zwischen uns sind nur eine äußer-liche Trennung, im Herzen sind wir alle vereint und hoffen, dass der schreckliche Krieg bald ein Ende nimmt. Von der geplanten Sivesterfeier mit Speidel und OB Wöhler habe ich nichts mehr gehört; die Zeiten sind wohl nicht danach.

Ich denke heute mit besonderer Liebe und Sehnsucht an dich und die Kinder und bin in innigem Gedenken bei euch

    Immer, dein Hans

Durchlitten in diesen Jahren die Frontsoldaten die leiblichen Katastrophen, so standen für die Verantwortungsträger die geistig-moralischen Katastrophen im Vordergrund. Wohl saßen sie meist gut ernährt und versorgt in frontfernen Quartieren. Doch der ständige Zwang zur Verstellung, die Unmöglichkeit, sich ohne Gefahr für Leib und Leben gegen zunehmenden Gesinnungsterror zu wehren, war für viele dieser Männer ebenso unerträglich. Eine deutsche Zukunft mit Hitler als Triumphator – für meinen Vater und viele seiner Vorgesetzten und Freunde ein Szenario aus der Hölle! In diesen Jahren befiel meinen Vater eine schwere Schlaflosigkeit. Sie blieb ihm als Andenken an vergrübelte Nächte auch in späteren Friedenszeiten erhalten.

19.12.1943

Geliebter Schatz,

nun ist der kurze Traum unseres Wiedersehens schon wieder vorbei – er war so unwirklich, flüchtig und doch so voller Eindrücke! Zunächst der nächtliche Alarm im Hotel, dann die fürchterliche Bombennacht, die unfassbaren Zerstörungen in Berlin, die unangenehme große Sitzung, die süße gemeinsame Fahrt im Schlafwagen, der „Bomben-Empfang" in Stuttgart, die Zustände in unserer Wohnung und schließlich der schmerzliche Abschied! Und doch war es ein wundervolles Erlebnis, dich wieder acht Tage in meine Arme schließen zu können! Es rührt und ergreift mich immer wieder, dass du nach so schwerer Lebensenttäuschung in deiner großen Liebe zu mir so unwandelbar bist. So bist du wirklich die „Edeltraud", die liebe, edle Seele, die ich einst in dir geahnt habe. Als ich dich damals erstmals sah und dann hörte, dass du Edeltraud Hild hießest, da habe ich mir einen ganz lieben, edlen Menschen in dir vorgestellt – und ich habe damit Recht behalten. Außer all deinen süßen äußeren Reizen ist es gerade dies, was immer wieder meine Liebe und Begeisterung für dich entfacht! – Gestern habe ich 250 RM(!) für das Gutachten nach Stuttgart überwiesen.* Da wird Mutter staunen! Das lohnt sich doch anders als die Pfennig-Sparerei! Wenn du mal einen Extra-Wunsch hast, etwas ganz Überflüssiges, so erfülle ihn dir – es würde mir eine große Freude machen!

In inniger Liebe küsst dich
dein Hans

26. 12. 1943

Mein liebster Schatz,
Nun will ich dir – nachdem ich alle rückständige Arbeit erledigt habe – in Ruhe berichten, wie wir unsere „Russland-Weihnacht" verlebten. Dass ich in Gedanken meist bei euch war, versteht sich von selbst. Am 24. nachmittags stellte ich mir vor, wie die Kinder voller Erwartung vor dem Weihnachtszimmer standen, dann die Kerzen angezündet wurden und die Bescherung begann. Welche Freude war das immer, wenn wir das gemeinsam genießen konnten! Nun wird der Gabentisch für die Kinder ja sehr bescheiden ausgefallen sein. Ich habe ja leider kaum etwas besorgen können, und auch für dich und Mutter nur einige Kleinigkeiten.
Wir haben am Heiligen Abend erst um 20 Uhr mit der Feier begonnen. Einer unserer Schreiber, ein sehr gewandter Bastler, hatte das Zimmer sehr hübsch mit Kerzen und Tan-

---

* ca. 750 €

nenzweigen hergerichtet. Für jeden von uns waren die Marketender-Zuteilungen (Rum, Kölnisch Wasser, Zahnpasta, Schuhcreme), unsere Weihnachtspost und die Pakete aus der Heimat aufgebaut. Dann hielt Oberpfarrer Kolder uns eine schöne Weihnachtsansprache. Anschließend haben wir Wein getrunken, geraucht und bis 22 Uhr geplaudert. Die Stimmung ist gedämpft, das kannst du dir denken.

Nun, mein Liebchen, lass dir von Herzen danken für das mit so viel Liebe gefertigte Weihnachtspaket! Ich werde mit allem Süßen sehr knauserig umgehen, damit es möglichst lange reicht. Reizend sind ja alle Päckchen bemalt oder beklebt; sicher haben die Kinder dabei fleißig geholfen! Übrigens hat mir General Speidel die „Jobsiade" geschenkt, ein humorvolles Buch, das bereits 120 Jahre alt ist und jetzt neu aufgelegt wurde. Vom OB bekam ich sehr gute Zigarren. Mit D. in Berlin, mit dem ich mich besonders gut verstehe, habe ich fernmündlich Weihnachtsgrüße ausgetauscht. Er erzählte, dass es in der Stadt ganz fürchterlich aussieht. Besonders Grunewald, Charlottenburg, Tempelhof und Treptow sind schwer betroffen; die Leipziger- und Friedrichstr. sowie Linden sollen ein Trümmerfeld sein. Welch traurige Weihnacht für ganz Berlin!

In der Heeresjustiz wird demnächst ein größeres Revirement erfolgen, d. h. alle jüngeren Herren kommen nach draußen, so auch B., der schon fragte, ob er zu mir kommen könnte. Allerdings möchte er Zeit für Privatarbeit haben, woran ich natürlich weniger Interesse habe. Ich selbst mit meinen gelegentlichen Aufsätzen habe das zwar auch gemacht, doch bei dem immer geringeren Interesse, das in der Heeresjustiz der Wissenschaft entgegengebracht wird, bin ich davon fast ganz abgekommen. Der Stoff ist auch ziemlich restlos durchdrungen, und es lohnt sich nicht mehr so. Hoffentlich erscheint

aber das von mir neubearbeitete Wehrgesetz nun bald mal
– falls es nicht in Leipzig oder Berlin verbrannt ist.
Meine Lektüre (meist abends vor dem Einschlafen) war in
letzter Zeit vorwiegend geschichtlicher Art. Ich lese gerade
ein hochinteressantes Buch über russische Geschichte („Von
Rurik bis Stalin"), weil ich nun bald ein Jahr in Russland bin.
Man erkennt darin sehr gut die russische Volksseele und die
Entstehungsursachen des Bolschewismus. Wenn nur endlich
Frieden wäre, dass man solche Bücher im friedlichen Stüb-
chen genießen und darüber gemeinsam plaudern könnte!
Wie wichtig, dass wir unsere wertvollen Kunstbücher gerettet haben. Denn viele, viele Jahre nach diesem Krieg wird für
solchen Luxus kein Geld da sein. Erst müssen Häuser gebaut
werden.
Sollte dieser Brief, den ein Urlauber mitnimmt, noch vor
dem Jahreswechsel ankommen, so nimm für dich, Mutter
und die lieben Kleinen meine innigsten Wünsche entgegen.

    In sehnsüchtiger, treuer Liebe
    dein Hans

                             19. 01. 1944
Meine liebste Edeltraud,
Dein lieber, langer Brief vom 11. 1. erreichte mich bereits gestern und war mir eine rechte Herzensfreude. Sehr glücklich
bin ich auch über den kleinen Neffen in Wismar. Wie schön,
dass nun mal was Männliches in die Familie kommt! Dabei
bin ich ganz neidlos, denn unsere beiden Mädchen sind mir,
so wie sie sind, gerade recht. Vor allem Marlis ist so goldig,
dass man gar nicht weiß, ob sie uns in männlicher Aus-
gabe auch so viel Freude machen würde! Ich werde Evchen
gleich zum Stammhalter gratulieren und rechne fest mit der
Patenschaft. Renis gute Fortschritte im Klavierspiel freuen

*mich natürlich auch sehr! Bei unserer Liebe zur Musik wird
es eine große Freude sein, wenn Reni musikalisch wäre und
einmal sehr gut Klavier spielen könnte!*

*Vorgestern bin ich zum OB gefahren, er war wieder riesig
nett und persönlich. Ich hatte fast anderthalb Stunden Vortrag zu halten; viele schwerwiegende Sachen. Anschließend
dienstliche Besprechungen mit anderen Herren, danach
Einladung ins Kasino zum Abendessen. Anschließend war
ich bei General Haack eingeladen, der mich mit Likör, Torte
und Zigarren maßlos verwöhnt hat. Ich habe ihm heute zum
Dank den „Maulkorb" von Spoerl geschickt; er lässt dich
übrigens herzlich grüßen.*

*Hat Mimi die Aufregung über Hans-Herbert nun einiger-
maßen überwunden? Die ganze Sache ist ja bei ruhiger
Betrachtung gar nicht so katastrophal ausgegangen wie es
anfangs aussah. Kein Gefängnis, sondern Arrest, und vor
Ende März, also erst wenn die grimmigste Kälte vorbei ist,
kommt er heraus nach Russland. Die „Bewährungstruppe"
ist eine durchaus anständige Truppe, die sich durch Schneid
und Haltung volle Anerkennung geschaffen hat. Und in ein
bis zwei Jahren kann – einschließlich Tilgung, die erst bei
Kriegsende zu erreichen ist – alles aus der Welt sein. Die
Tilgung aus dem Strafregister ist das Wichtigste, aber die
werde ich schon durchsetzen, zumal ich auch die Referen-
ten bei Marine und im Justizministerium persönlich kenne.
Ein Gnadengesuch vor Ablauf der Bewährungszeit in der
B-Truppe ist völlig aussichtslos. Ich rate entschieden davon
ab, weil es so aussähe, als wäre man mit der jetzigen Lösung
unzufrieden. Das kann nur verstimmen! An den Führer zu
schreiben, ist auch völlig zwecklos, denn er hat die Zustän-
digkeit für die Gnadenentscheidung genau festgelegt. Er ist
zum Beispiel zuständig bei Todesurteilen gegen Offiziere.*

Alle anderen Sachen werden ausnahmslos an die zuständigen Stellen weitergegeben, gleich ob jemand an die Reichskanzlei, nach Berchtesgaden, an seine Schwester, an Goebbels oder sonst jemanden schreibt. Jedenfalls ist die Sache nach dem jetzigen Stande nicht so schlimm, wie sie anfangs aussah. Vor allem ist Hans-Herberts Ehrgefühl nicht tödlich verletzt und das Ansehen der Familie – wenn sich die Sache herumsprechen sollte – nicht so stark in Mitleidenschaft gezogen. Vielleicht lernt er durch die schweren Erlebnisse ja, seine Eitelkeit zu überwinden und mehr Bescheidenheit zu zeigen. Wir wollen ihm jedenfalls nach Kräften helfen!
Deine und der Kinder Bilder umgeben mich auf meinem Schreibtisch, während meine Gedanken zu euch schweifen. Wenn ich doch bald wieder – und möglichst für immer – statt der Bilder die Wirklichkeit hätte! Weißt du noch, wie das ist?

> *Viele sehnsuchtsvolle Grüße*
> *schickt dir und den Kindern*
> *dein Hans*

Hans-Herbert, mein fröhlicher Patenonkel, ist als Angehöriger einer „Bewährungs-Truppe", die als Kanonenfutter in die härtesten Kämpfe geschickt wurden, nur wenige Wochen nach dem Urteil in Russland gefallen. Er wurde nur 23 Jahre alt. Erst aus den Briefen meines Vaters habe ich die Wahrheit erfahren – 60 Jahre später. Denn in der Familie hieß es stets, er sei in der Ostsee mit seinem U-Boot untergegangen.

Genauso lange ist es her, dass ich so liebe, fast schmeichelhafte Worte über mich selber aus dem Mund meines Vaters hörte. Seltsam – in späteren Jahren, als der Krieg vorbei und das Leben wieder normal war, gab es solche Liebesworte nicht mehr. Macht Krieg weich und Frieden hart? Vielleicht. Ich habe mich später daran gewöhnt, wenig Lob und Ermunterung von meinem Vater zu erfahren, obwohl ich es manchmal gebraucht und hin und wieder vielleicht sogar verdient hätte. Heute lese ich seine kleine „Liebeserklärung" mit Rührung und Dankbarkeit – sie gibt dem Bild eines klugen, gerechten Vaters, das ich in mir trug, angenehm weiche Konturen.

24.01.1944

Mein lieber Schatz,

ich finde, dass unsere Trennung nachgerade unerträglich lang wird und habe beschlossen, dem abzuhelfen – da staunst du wohl? Aber im Ernst: Sack hat verfügt, dass ich im März nach Gera versetzt werde!* Wenn ich auch aus dem riesig netten Kreis unseres Stabes nur ungern scheide und auch meine hiesige Stellung nur schweren Herzens aufgabe, so ist natürlich die Aussicht auf ein häufigeres Zusammensein mit dir, den Kindern und Mutter ungeheuer beglückend. Speidel wird wohl auch nicht mehr lange hier bleiben, nachdem er nun Generalleutnant geworden ist. Für uns hier ein großer Verlust, denn für den inneren Betrieb in einem Stabe ist der Chef doch wichtiger als der OB.

Im Moment ist es hier so mild, dass wegen des Schlamms die Wege fast unpassierbar sind. Deshalb bin ich zum OB auch mit der Bahn gefahren. Vorgestern Abend war ich von Speidel im OB-Zimmer zum Essen eingeladen. Dabei war auch der sehr nette Oberst Auer. Er hat als Regimentskommandeur durch Granateinschläge schweren Schaden an seinem

---

* das Gebäude der Heeresrechtsabteilung in Berlin war im November 1943 bei einem Bombenangriff zerstört worden. Die Behörde wurde ins thüringische Gera ausgelagert.

Gehör genommen; es besteht die Gefahr der Ertaubung, wenn er nicht eine lange Liegekur macht. Leider erfuhr ich von ihm, dass Major Hasse, unser ehemaliger Adjutant, der vor zwei Monaten wieder an die Front gekommen war, gefallen ist. Er war der fröhliche Geselle so mancher unserer sommerlichen Abende. Vor kurzem erst habe ich auf dem Flugplatz in L. noch ein Päckchen an seine junge Frau aufgegeben, die er erst im August geheiratet hatte. Nun ist sie schon nach wenigen Monaten Witwe.

Deine Berichte aus Braunschweig sind ja tieftraurig! Wie gut, dass Mimi und Omi wenigstens einige Sachen retten konnten. Um das schöne alte Familienhaus, an das alle so liebe Erinnerungen haben, ist es unendlich schade. Hat Mimi denn die wertvollen ethnologischen Sammlungen von Vati retten können? Es ist erschütternd, wie eine Großstadt nach der anderen in Schutt und Asche versinkt. Wie wird unser schönes Deutschland nach diesem Kriege aussehen? – Was ist denn mit Heinz-Rudolf? Warum mag das Päckchen zurückgekommen sein? Er stand ja, wie ich weiß, in den schweren Rückzugskämpfen im Osten.**

Eingeweihte rechnen zu Hause demnächst mit erheblicher Nahrungsverknappung, vor allem, falls die kommende Ernte schlecht ausfällt. Hüte sorgsam unsere Vorräte, auch gegen Diebstahl! Die wertvollsten Sachen wie Fleischkonserven, Öl und Butter nicht im Keller, sondern oben lagern und gut wegschließen! Wegen der Rundfunkröhren für den Volksempfänger will ich an Herrn D. in Berlin schreiben und ihm eine Flasche Kognak und Zigaretten in Aussicht stellen. Du musst doch, was die Weltlage betrifft, auf dem Laufenden bleiben.

** Heinz-Rudolf, der jüngste Vetter meiner Mutter, fiel mit 26 Jahren in Russland.

Wenn nun hoffentlich dieses Jahr der Krieg zu Ende geht,
so sind wir beide ja noch jung genug, um recht viel Glück
gemeinsam zu genießen. Da wollen wir dann zusammen
lesen, wandern und alles Schöne, was kein Geld kostet,
genießen. Wenn's nur erst so weit wäre! – Demnächst feiert
Ihr ja nun Renis 9. Geburtstag. Wie gerne wäre ich dabei
gewesen! Hoffentlich ist wenigstens mein Bücherpäckchen
mit den so beliebten roten Bonbons rechtzeitig bei euch!

In großer Liebe und Sehnsucht nach euch allen bin ich
euer Hans und Papi

Unsere Großmutter „Mimi" in den 50er-Jahren

Das Familienhaus in Braunschweig haben wir 1950 wieder aufgebaut. Unsere Großmutter Mimi lebte in der Bel Etage mit Türmchen und Erker. Immer wenn ich zu ihr hinunterging, huschte ich eilig und mit eingezogenem Kopf am Zugang zum Erker vorbei. Denn dort an der linken Wand, zum Glück etwas erhöht, hing der Grund meiner Ängste: zwei Schrumpfköpfe aus Polynesien. Struppige, dunkelbraune Pony-Frisuren umrahmten die grässlich grinsenden Gesichter mit breiten, zugenähten Mündern. Von den langen, durchstochenen Ohren baumelten fransenverzierte Muschelketten. Rechts und links davon, schräg arrangiert, furchterregende Speere und axtartige Waffen mit farbigen Ledertroddeln. Diese und Hunderte anderer Erinnerungsstücke hatte Opa Harry von seinen Schiffsreisen in alle Welt mitgebracht: Buddhas und Teppiche aus China, „unanständige" Schnitzfiguren aus Afrika, Kimonos, Porzellane und hauchzarte Stickereien aus Japan – und auch den Bambusstock, von dem schon die Rede war. Vieles gab meine Großmutter nach seinem Tod ins Museum, ein Teil verbrannte bei dem Bombenangriff, den mein Vater erwähnt. Doch manches ist erhalten geblieben. Meine Schwester und ich hüten noch heute zwei zartbemalte Teeservice aus Japan; ein zusammenklappbarer, vergoldeter Reise-Altar aus Nepal begleitet mich seit der Studienzeit, und einer silbernen Zigarettendose mit Erinnerungs-Inschrift an Opa Harrys letzte Reise nach Yokohama halte ich die Treue, obwohl seit Jahrzehnten Nichtraucherin. Schlafgäste dürfen bei uns in einem verschwenderisch bestickten Kimono Geisha spielen, wenn sie den Morgenmantel vergessen haben.

02.03.1944

Mein geliebtes Herz!

Wer wird denn so kleingläubig sein und immer gleich weiße Mäuse sehen!! Ich war sehr betroffen, als ich gestern, unmittelbar vor der Abreise zum OB, deinen so tief deprimierten Brief vom 24. Februar erhielt. Und dabei gibt es hier nichts, aber auch gar nichts, was dich beunruhigen müsste! Ich habe daher noch in aller Eile ein Fernschreiben an dich aufgegeben, da ich ja nicht wusste, ob mein nachfolgender Brief dir in deiner quälenden Angst und deinem Pessimismus Beruhigung verschaffen würde. Törichterweise hat die Fernschreibstelle meinen Text „Bin völlig gesund, Gruß Hans" in die unpersönliche Fassung „Bin völlig gesund, Oberstkriegsgerichtsrat Meier-Branecke, Feldpost-Nr. 44644" abgeändert. Heute, nach meiner Rückkehr vom OB, fand ich nun deinen Brief vom 27. 2. vor, der schon etwas gefasster, aber immer noch sehr sorgenvoll klingt. Worüber Ihr euch nur den Kopf zergrübelt!! Hier gibt es keine Partisanen, und weshalb soll die Eisenbahn denn plötzlich gefährlich sein? Das sind doch nur bestimmte Strecken in Wald- und Sumpfgebieten gewesen, aber nicht dort, wo wir sind. Flieger kommen hierher fast gar nicht, und vor allem werfen die nicht in ihre eigenen Orte, wie ich schon immer sagte. Vor allem aber solltest du dir sagen, dass, wenn mir etwas passiert wäre, doch sofort Nachricht von den Kameraden käme. Das ist doch absolut selbstverständlich bei unserem engen Zusammenhalt! Das Herz könnte mir zerspringen, wenn ich bedenke, wie sehr du um mich gebangt hast! Mehr Mut, mein Liebchen, und mehr Gottvertrauen! Du weißt doch, wie sicher wir hier aufgehoben sind und wie vorsichtig und erfahren wir sind!
Vorhin war ein Kriegsgerichtsrat bei mir, der um Sonderurlaub bat. Ihm sind Mutter, Vater und Onkel bei dem schwe-

ren Luftangriff auf Kaiserslautern ums Leben gekommen.
Der Bruder und seine Frau blieben nur verschont, weil sie im
Hotel wohnten und 2 Minuten zu spät zu der Geburtstags-
feier im Elternhaus gekommen waren.

Nun sind es nur noch wenige Tage, dass mein Kommando
hier zu Ende geht und ich die Fahrt in deine lieben Arme
antreten kann. Möge der Krieg ein solches Ende nehmen,
dass uns noch eine lange, glückliche Ehezeit beschieden ist.
Und dann, mein Schätzlein, bin auch ich dafür, an ein drit-
tes Kind zu denken!

Denn zwei Kinder sind, wie schon oft besprochen, zu wenig
und zu risikoreich. Außerdem ist es so schön, wenn die
Kinder weit auseinander sind (wie Rudolf, Hede und ich) –
da hat man lange Jahre immer eines im Hause.

> *In großer Vorfreude auf dich,*
> *die Kinder und Mutter grüßt und küsst dich innig*
> *dein Hans*

Die Ängste unserer Mutter hatten ihren Grund wohl in den Wehrmachtsberichten der vergangenen Monate. Denn die Offensive der Sowjets östlich von Charkow, dem Standort meines Vaters, wurde im Spätsommer 1943 durch einen Partisanenkrieg unterstützt. Die erfolgreiche Zerstörung vieler Bahnstrecken im rückwärtigen Aufmarschgebiet der Heeresgruppe Süd trug mit zum Verlust der Dnjepr-Donez-Region bei. Hitler rächte sich dafür später durch das Prinzip der „verbrannten Erde", die Zerstörung aller kriegswichtigen Anlagen und Ressourcen der ukrainischen Bevölkerung. –

Über die aktuelle militärische Lage äußert sich mein Vater in seinen Briefen nie. Wären solche „defätistischen" Schilderungen der Zensur in die Hände gefallen, hätte das für ihn schwerwiegende Folgen gehabt. So blieben die Angehörigen zu Hause fast immer im Ungewissen über die realen Gefahren – ein Acker, auf dem Ängste üppig blühen konnten.

Meine liebste Traudel,

zu deinem 32. Geburtstag wünsche ich dir von ganzem
Herzen Glück! All meine Freude ruht auf dir und unserer
lieben Familie! Ich wünsche dir und mir, dass wir in diesen
schweren Zeiten von Schicksalsschlägen verschont bleiben.
Leider kann ich – wieder einmal – nicht bei dir sein, um dir
den Geburtstagskuss persönlich auf deine süßen Lippen zu
drücken und meine bescheidenen Gaben (Likör, zwei Bücher,
Hautcreme und Haarwasser) dir nicht persönlich überrei-
chen, aber das sind wir ja seit Kriegsausbruch fast gewohnt.
Ist das Päckchen überhaupt angekommen?
Ich vertrete zur Zeit den Chef und habe dadurch vielerlei
Mehrarbeit, auch viele Verwaltungsaufgaben. Heute musste
ich einen Lehrgang eröffnen, mit Ansprache, und morgen
halte ich den Appell der Heeresrechtsabteilung mit Anspra-
che (20.4.!)*
Anschließend Vortrag im Lehrgang, abends Essen mit dem
Offiziers-Korps, dazu die Einarbeitung in das neue Gebiet.
– Übrigens ist mir das neue „Wehrgesetz" jetzt in drei Frei-
Exemplaren zugegangen, schön in rotes Leinen gebunden.
Eines schenke ich dir zum Geburtstag, mein Schätzchen, zur
Befriedigung deines Ehrgeizes. Meine damals in Berlin erar-
beiteten Unterlagen sind übrigens im November beim Angriff
auf die Heeresrechtsabteilung am Tirpitzufer komplett ver-
brannt.
Mein Umzug in die „Villa Hirsch" (fast ein Schloss) erfolgt
am Wochenende. Frau Kommerzienrat Hirsch, 80, aus der

---

*Der 20. April 1944 war Hitlers 55. Geburtstag.

Nicht einfach für einen wie meinen Vater, dafür vor kritischem Publikum die

richtigen Worte zu finden!

reichsten Familie Geras, ist ganz reizend. Sie haben Plan-
tagen. Fabriken, Bergwerke und zwei Güter, sind aber „rein
arisch". Die Villa liegt in einem herrlichen Park nicht weit
von unserer Kaserne entfernt.

Heute Mittag hat uns ein starker Bomberverband überflogen
und zwei Bomben fallengelassen, von denen eine das Elektri-
zitätswerk getroffen hat. Nun sitzen wir ohne Licht. Wohin
die 200–300 Bomber geflogen sind, wissen wir nicht – Halle,
Leipzig, Chemnitz oder wieder Berlin? So wird unsere abend-
liche Doppelkopf-Runde wohl bei Kerzenschein stattfinden
müssen.

Nun will ich schließen, nicht ohne dir zu sagen, dass ich
heute ganz besonders zärtlich an dich denke. Nimm innige
Grüße und Küsse von

  deinem einsamen Hans

          Gera, 27. 06. 1944

Liebste Edeltraud,
Nach neun Stunden Fahrt bin ich um 19 Uhr wieder hier
eingetroffen. Wie herrlich waren wieder die Stunden daheim
mit dir, Mutter und den Kindern – wenn nur nicht gleich der
Abschied wieder käme! Doch dieses Mal hoffe ich stark, dich
bald wieder in die Arme schließen zu können, falls Mutters
Zustand es erlaubt. Ich habe heute früh im Hotel „Schwar-
zer Bär" nachgefragt. Sie nehmen uns jederzeit auf, doch
angeblich nur für drei Tage als „Passanten". Ich hoffe aber,
dass der Portier gegen Zigaretten auch bei einem längeren
Aufenthalt nicht nein sagt. Ich habe so was von Kollegen
gehört. Sonst stellt dir Frau M. eine Couch ins Wohnzimmer,
du musst allerdings Bettwäsche mitbringen. Die Kämpfe um
Cherbourg sind ja nun fast zu Ende. Verfolge alles genau, es
fallen sehr wichtige Entscheidungen …!

Mondschein, ruhige See und Ebbe waren notwendige Voraussetzungen für die alliierte Großlandung an der Küste der Normandie, die als „D-Day" in die Geschichte einging. Lange befürchtet und an anderer Stelle als erwartet durchgeführt, erfolgte sie in der Nacht zum 6. Juni 1944. Die ungeheure Zahl von 5134 Schiffen und Fahrzeugen wurde von England aus über den Kanal gesetzt, Luftlandetruppen unterstützten die Aktion. Cherbourg fiel am 26. Juni; am 25. August befreiten amerikanische Truppen und französische Freischärler das von den Deutschen besetzte Paris. Auf diese Ereignisse, die das endgültige Scheitern von Hitlers maßlosen Kriegszielen einläuteten, spielt der Brief meines Vaters vom 27. Juni 1944 an. Schon Monate zuvor, am 2. September 1943, hatte er geschrieben: „Mit ihrer ‚Invasion' scheinen sie (die Briten) und die Amerikaner nicht zu Stuhle zu kommen, sie verpassen die richtige Zeit ...!" Nun war die Zeit gekommen, von der sich Hitlers Gegner die Befreiung vom „braunen" Albtraum erhofften. „Verfolge alles genau, es fallen sehr wichtige Entscheidungen" mahnt mein Vater in seinem Brief. Wahrscheinlich wusste er durch seinen Chef Dr. Sack oder durch General Speidel von den Attentatsplänen der Verschwörer um Oberst Graf von Stauffenberg, die am 20. Juli 1944 in die Tat umgesetzt wurden, in der – vergeblichen – Hoffnung, durch den Tod Hitlers mit den Alliierten günstige Friedensbedingungen aushandeln zu können.

Gera, 01.08.1944

Liebste Traudel,

*durch Telegramm habe ich dir heute Vormittag gleich meine
glückliche Rückkehr aus Berlin mitgeteilt; nun will ich
Näheres berichten. Freitagnacht war „natürlich" wieder ein
Luftangriff auf die Stadt (Moskitos), worauf wir aber alle im
Hotel „Excelsior" schon vorbereitet waren, so dass ich mich
gar nicht erst auszog. Beim Beginn des Alarms begab ich
mich dann sofort in den von früher her bekannten Bunker,
in dem allerdings eine fast unerträgliche Schwüle herrschte.
Dienstlich ist in Berlin alles glatt verlaufen. – Übrigens fährt
P. morgen erstmalig zu Hi.* zum Vortrag. Wir sind alle sehr
gespannt! Gestern war er in Torgau, wo sich der General-
richter Lüben erschossen hat und beigesetzt wurde. Er hatte
dort einen unangenehmen großen Prozeß zu leiten. Übrigens
war er eine eher kühle Natur, dem das niemand zugetraut
hätte ..."*

---

*Hitler

Der tragische Hintergrund dieser Briefstelle verdient eine Erläuterung, auf die der Schreiber begreiflicherweise verzichten musste. Der Generalstabsrichter Werner Lüben wurde von SS-Chef Himmler im Juli 1944 massiv unter Druck gesetzt, drei katholische Priester wegen Wehrkraftzersetzung und Spionage zum Tode zu verurteilen. Die Geistlichen hatten öffentlich gegen Judenverfolgungen und Euthanasie gekämpft. Der Prozess fand in Torgau vor dem Reichskriegsgericht statt, weil einer der Beschuldigten Wehrmachtspfarrer war; das Urteil sollte am 28. Juli verkündet werden. In der Nacht vor dem Richterspruch erschoss sich der 47jährige Lüben aus Gewissensnot. Die SS erfand einen Fliegerangriff als Todesursache und veranlasste zur Tarnung ein Staatsbegräbnis.

Benedicta Kempner, die Frau des stellvertretenden US-Chefanklägers bei den Nürnberger Kriegsverbrecher-Prozessen, hat den Fall Lüben in den sechziger Jahren recherchiert. Sie erklärt ihn zum bisher einzig bekannt gewordenen Fall eines deutschen Militärrichters, der den Selbstmord einem ungerechten Urteil vorgezogen habe.

Die drei angeklagten Priester starben kurz nach Lübens Begräbnis. Der anwesende Arzt notierte unter „Todesursache: Plötzlicher Herztod, Atemstillstand" und unter „Sonstige Bemerkungen: enthauptet."[*]

Im Sommer 1944 wurden die Heeresrichter als Offiziere in den Militärdienst überführt; für die Tauglichkeit bürgte der Oberbefehlshaber mit einer „Beurteilung", die hier abgedruckt ist. Panzergeneral Otto Wöhler – das sollte nicht verschwiegen werden – gehörte zu den angeklagten Generälen in Nürnberg. Er wurde zu acht Jahren Haft verurteilt, weil er von dem Juden-Progrom in Genitschesk gewusst habe, wenn auch selber nicht beteiligt war.

---

[*] Aus: „Offenburger Tagblatt", 17.11. 1967

B e u r t e i l u n g

über Oberstkriegsgerichtsrat Dr. Meier-Branecke

1.)   Klare, starke Persönlichkeit. Offen und hochanständig.
        Weit über Durchschnitt begabt, hervorragender Fach-
        mann, der es versteht, das Wesentliche scharf zusammen-
        gefaßt vorzutragen. Ein Kriegsrichter, der das Herz
        der Truppe hört. Beliebt im Kameradenkreise.

2.)   ————————

3.)   Vorzüglich.

4.)   Geeignet für jede höhere Verwendung.

General der Infanterie

Der Chef der Heeresrüstung und
Befehlshaber des Ersatzheeres

Gera, Berlin, den 5. Juli 1944
Fernspr.: 4313 - App. 23

Nr. 534/44 g HR (Ia)   **Geheim**

An

Herrn Oberstrichter Dr. Meier-Branecke
- Oberkommando des Heeres/Ag HR Wes -

Betr.: Anstellung als aktiver Offizier
im Truppensonderdienst.

Mit Verfügung vom 9.6.1944 - Nr. 150/44 g HPA/Ag. I 6/8. Abt./
Gr. II - sind Sie mit Wirkung vom 1. Mai 1944 als Oberstrichter im
Truppensonderdienst im Heere angestellt worden. Dieses wird Ihnen
unter Hinweis auf HM 44 Nr. 263 bekanntgegeben.

Der Chef des Heeresjustizwesens

In Vertretung
gez. Bokelberg

Für die Richtigkeit:

Angestellter.

Meine Liebste,

Deinen lieben Brief vom 25. Januar erhielt ich gestern, er war ja sehr auf „Moll" gestimmt. Wer wird denn gleich so verzagen? Wollen wir doch erst einmal alles auf uns zukommen lassen! Sehr bedauert habe ich, dass du so lange keine Post von mir hattest, dabei habe ich natürlich regelmäßig, in der letzten Woche sogar täglich, geschrieben. Dass Ihr wegen der Kriegslage alle sehr bedrückt seid, kann ich verstehen. Lenke dich ab und beschäftige dich in Gedanken möglichst wenig damit, es schadet dir nur, und man braucht jetzt starke Nerven. Die armen Menschen, die aus den Gebieten östlich der Oder haben fliehen müssen, besonders aber die Ostpreußen, tun einem wirklich in der Seele leid. Und wie viele Bekannte (auch hier) haben noch Angehörige oder Verwandte dort. Ein Lichtblick ist, dass seit gestern Tauwetter eingesetzt hat und die Kälte weicht. Vielleicht ist der Winter mit seinen Nöten bald auf dem Abmarsch.

M.s haben jetzt auch weitere Einquartierung, ein Mann aus Schlesien. Er bekommt mein bisheriges Schlafzimmer, während mein Bett zur jungen Frau M. kommt – aber natürlich nicht ins Schlaf-, sondern ins Wohnzimmer.

Wie mir der Bürgermeister gestern sagte, muss hier demnächst mit dem Abstellen des Gases gerechnet werden. Zum Glück heizen M.'s mit Kohlen und haben noch einen kleinen Vorrat. Was du zum Volksopfer gespendet hast, hast du mir noch nicht mitgeteilt, dein Brief ist möglicherweise verloren gegangen. Die Post arbeitet absolut unregelmäßig; P. erzählte, seine Frau hätte neulich sechs Briefe von ihm auf einmal bekommen. Heute habe ich ein Päckchen an euch aufgegeben. Inhalt: 3 Sicherungen, Rasiercreme, Schuhwichse, 10 Röhrchen Rum-Aroma und Vitamintablet-

ten. *Falls ich noch Toilettenpapier ergattere, schicke ich 2 Rollen im Päckchen. Solltest du noch mehr Einquartierung bekommen, musst du die Rollen dort entfernen – es muss sich jetzt jeder selber helfen. Denk dabei an die Zukunft; es könnten Zeiten kommen, in denen keine Zeitung erscheint – was dann? Wie der Kreisleiter gestern in einem Vortrag gesagt hat, ist demnächst mit einer wesentlichen Kürzung der Lebensmittel-Rationen zu rechnen. Dann musst du aber bei dir und den Kindern gleichmäßig kürzen. Gib mir dein Ehrenwort darauf! Du darfst keinesfalls für die lieben Lütten hungern, denn dann klappst du zusammen, und es wird für die ganze Familie richtig schlimm. Schone vor allem deine Nerven, grüble nicht und denk an erfreuliche Dinge – vielleicht an mich?*

Dass ich an Evchen und die Stettiner viel gedacht habe, schrieb ich schon. Von dem schweren Luftangriff auf Magdeburg hatte ich auch schon gehört. In der Innenstadt steht, wie ich von L. hörte, kein heiles Haus mehr. Auch das Gericht in der Landwehrstraße, wo ich seinerzeit tätig war, ist total zerstört.

Nun jährt sich bald zum 12. Mal der Tag, an dem ich dir den Verlobungsring gab. Wie viel Liebe hast du Gute mir bisher geschenkt, und wie glücklich bin ich mit dir geworden – trotz der schweren Zeiten, in die wir hineingeraten sind. Mein brennendster Wunsch ist, dass uns trotz aller denkbaren Schicksalsschläge unser Glück erhalten bleiben möge. Wir wollen mit Gottvertrauen in die Zukunft schauen!

> *In zärtlichem Gedenken sendet dir, Reni und Marlis viele Grüße und zärtliche Küsse*
> *dein Hans*

Meine liebe Traute!

*Vielen Dank für deinen lieben Gruß! Noch immer keine
Nachricht von Jochen! Jürgen* schreibt, Berlin ist als Festung
erklärt. Hoffentlich erhält er seine Pakete trotzdem noch. Ich
fürchte, der Russe kommt noch hierher. Ich möchte nicht fliehen – wenn möglich bleiben – alles ist so dunkel.*

*Heute Nacht stand Marianne mit neun Personen um 1 Uhr
vor der Tür; ich habe alle untergebracht und preise uns
glücklich, wenn es für die Dauer sein könnte und sie auch
hier nicht wieder fort müssen. Es ist eine Weltkatastrophe.
Alle Z.s sind aus Stettin geflüchtet, alles zurückgelassen.
Nun beherbergt unser altes Apothekerhaus sieben Kinder
und zehn Erwachsene – und es geht. In der Apotheke ist viel
zu tun, aber es gibt kaum Medikamente, alles ist so trostlos,
und doch hoffe und glaube ich – es kann doch so nicht bleiben!*

Dein Evchen

---

* Dr. Jürgen Eick, ihr Bruder, war später Mit-Herausgeber der FAZ

Liebste,

Mozart hatte es auf der Reise nach Prag bestimmt beque-mer, zumindest idyllischer als ich im Jahrzehnt glorreicher Technik, die sich nun so ganz und gar gegen den Menschen gerichtet hat. Meine Gedanken schweifen von hier zu euch, besonders zu unserem Renikind, das nun bald schon 10 Jahre alt wird. – Meine Reise verläuft ziemlich verheerend; immer wieder stundenlange Unterbrechungen. Überall unterwegs ein ungeheurer Flüchtlingsstrom, besonders Schlesier und Ostpreußen. Dresdner berichteten von dem entsetzlichen Luftangriff, der alles bisher Dagewesene in den Schatten stellt. Wie man hört, sind binnen 24 Stunden 3000 Maschi-nen dort gewesen. Außer einigen Vororten soll die Stadt total zerstört sein. Ich habe Evchen gleich geschrieben und sie wegen Freital, das nicht betroffen ist, und ihres Vaters beru-higt. Dabei habe ich erneut unsere Gastfreundschaft für den Notfall wärmstens angeboten und geschrieben, dass unsere Esszimmer-Couch und mein Bett noch frei sind, nachdem wir zwei Betten, Schlaf- und Fremdenzimmer abgegeben haben. Da Stadtoldendorf nicht mit Flüchtlingen überbe-legt ist, hoffe ich, auch die Stettiner unterbringen zu können. Ich habe allerdings nicht verschwiegen, dass ihr täglich von Massen feindlicher Maschinen überflogen werdet und dass nicht mal ein abgestützter Luftschutzkeller vorhanden ist. Ein ungeheurer Flüchtlingsstrom hat sich nach hier ergos-sen, die Ärmsten sind zum Teil seit Wochen unterwegs, oft vier bis fünf Nächte ohne Schlaf und tagelang ohne warmes Essen. Meist haben sie nur 1–2 Koffer gerettet, da sie mit mehr Gepäck nicht in die Züge kommen. Ich habe Schreckli-ches über Gräueltaten der Russen gehört, besonders Not-zucht an jungen Mädchen und Plünderungen. Mindestens in den zuerst besetzten Gebieten ist die Gefahr für Leib und Leben groß. Für unser Gebiet rechne ich jedoch keinesfalls mit Russen. Nach den Feindnachrichten (des OKW) rechnet der Feind zur Zeit selbst nicht mit einem Durchstoßen nach Berlin und Sachsen. Erst im Vorfrühling wollen sie gleichzeitig mit den Westmächten zum entscheidenden Schlussangriff antreten. Hier am Tisch sitzen Flüchtlinge aus Sprottau. Zuerst in Berlin ausgebombt, dann zu Verwandten nach Sprottau evakuiert und jetzt von dort geflohen. Sie leben hier auf ihre Lebensmittelmarken und werden nie satt. Die Geschäftsleute hätten erklärt, dass sie nicht mehr alle Marken beliefern könnten, da der Nachschub ausbleibt. Wie soll das erst werden, wenn die Rationen, wie man hört, noch weiter gekürzt werden!

Ich bin in Gedanken stets bei euch und sorge mich sehr über die ewigen Einflüge! Ihr seid doch mein Ein und Alles, und wenn mir das genommen würde, glaube ich nicht, dass ich's überleben könnte. Nun feiert, so gut es in diesen schrecklichen Zeiten geht, Renis Geburtstag recht schön, ich werde euer gedenken! Schenk dem Schätzchen in meinem Namen 20 RM und sieh nach, ob sich oben im Kleiderschrank noch irgendetwas Schenkenswertes findet.

> In sorgenvoller Liebe und Sehnsucht bin ich euer
> Hans und Papi

Mein geliebtes Renikind!

In einer Woche hast du deinen Geburtstag und wirst nun schon zehn Jahre alt. Von ganzem Herzen wünsche ich dir dazu viel Glück. Denn Glück muss man in der heutigen Kriegszeit haben, dass euch die feindlichen Flieger keine Bomben aufs Haus werfen und dass der Feind nicht bis zu euch vordringt. So sind dieses Jahr unsere Geburtstagswünsche, die aus sorgenvollem Herzen kommen, besonders wichtig. Dass es in den schweren Zeiten kaum etwas zu schenken gibt, wirst du wohl verstehen. Mutti wird aber sicher einen schönen Kuchen backen! Außerdem schenke ich dir für dein Sparschwein 20 RM, die Mutti dir in meinem Namen geben wird. Was macht das Klavierspiel? Übst du auch tüchtig? Nun, mein geliebtes Kind, bleib gesund und brav und lieb zu Mutti, denn damit kannst du deinen Eltern die größte Freude machen. In Gedanken feiere ich mit euch, wenn ich auch im Moment sehr weit entfernt von euch bin.

*Viele liebe Geburtstagsgrüße von
deinem Papi*

Liebste Edeltraud,

nachdem ich heute Vormittag meine Vorträge – es waren
wieder zwei Kurse, also zweimal vier Stunden – beendet
und für die Rückfahrt Marschverpflegung (170 g Speck, 60 g
Butter, ⅓ Brot) abgeholt habe, will ich, ehe der Zug abgeht,
dir noch schnell ein paar Zeilen senden. Ich Zug hoffe ich auf
Sitzplatz, damit ich mal zum Lesen komme (Bülows „Denk-
würdigkeiten", trotz seiner Eitelkeit hochinteressant und
spannend). – Mit Sorge hörte ich gestern im Wehrmachtsbericht, dass Erfurt angegriffen wurde und halte Gera nun
nicht mehr für sicher. Falls es keine bessere Lösung gibt,
werde ich ab sofort in der Kaserne in meinem Schlafsack
übernachten; sie liegt etwas außerhalb.

Doch viel mehr Sorge macht Ihr mir dort in Stadtoldendorf,
wo Ihr ständig von Feindgeschwadern überflogen werdet. Du
bist mir und den Kindern verantwortlich für luftschutzmä-
ßiges Verhalten! Haltet euch bei Gefahr auf dem Flur oder
im Keller an der linken Seite auf – du weißt, wie schlecht das
Haus gebaut ist! Wegen der Abstützung des Kellers musst du
dich dringend an Herrn F. als Hausbesitzer wenden. Er kann
bei seinen guten Beziehungen sicher Balken beschaffen und
Splitterschutz an den Fenstern anbringen. Stell ihm einige
meiner guten Zigarren in Aussicht!

Dass vor allem die Kinder bei Überflügen nicht auf der
Straße oder am Fenster sind! Die Auslösung auch nur einer
Bombe kann den sicheren Tod bedeuten. Abends und nachts
ist von größter Wichtigkeit, dass ja kein Licht nach draußen
scheint, denn nach Licht werfen sie auch in kleineren Orten.
Sag das auch Anna!

Im Kollegenkreis hat es jetzt wieder viele hart getroffen.
Frau E. hat bei einem Angriff auf ihr Haus sechs Brandbom-

ben eigenhändig gelöscht, für sie soll ein Orden beantragt werden. Ehepaar K. ist in Berlin durch Volltreffer getötet worden; zum Glück hatten sie keine Kinder. In Dresden müssen nach allem, was man hört, die Verluste ja entsetzlich sein. Der Angriff war der fürchterlichste, den es je in Deutschland gegeben hat. Heute hörte ich, dass zu allem Unglück die wilden Tiere aus dem Zoo in Todesangst auf die Straßen gelaufen sind. Kurz zuvor ist dort Frau H. (du kennst sie aus Berlin) von der SS verhaftet worden – wegen eines Verhältnisses mit einem französischen Kriegsgefangenen. Ihr Mann war kurz zuvor gefallen.

Wie ich hörte, wird in Kürze die Fettration erneut gekürzt. Butter soll es nur noch für die Kinder geben. Ihr teilt euch aber die Butter, hörst du! Denn bei deiner zarten Konstitution ist sie für dich besonders wichtig, und die Kinder bekommen durch mein ukrainisches Öl doch ausreichend Fett.

Ob Evchen inzwischen Post von Jochen hat? Ich muß so viel an sie denken, ebenso an Erich, der nun mitten in den schweren Kämpfen um das heimatliche Stettin steht. Dass Grethe von D.*, deren Post an ihren Sohn Otto seit Anfang des Monats zurückkam, das Schlimmste befürchten muss, schrieb ich wohl schon. – Nun will ich schließen und versuchen, noch etwas zu schlafen. Denn hier sitzt unser Zug wieder fest, und gegen Morgen müssen wir eine Stunde bis zur nächsten Station laufen, weil die Strecke getroffen wurde.

Mit innigen, sorgenvollen Grüßen an euch alle
dein Hans

---

* Freunde der Familie in Hain bei Gera

Meine liebe Traute!

Die Lage wird immer ernster und bedrohlicher, mir ist das
Herz so schwer. Die Stadt wird schon verbarrikadiert, und
du musst damit rechnen, dass ich eines Tages mit beiden
Kindern vor deiner Tür stehe und dich um Obdach bitte,
ganz bescheiden. Ich werde mit dem Rad kommen, mit
beiden Kindern; Pakete sende ich dir heute schon. Sollte
Marianne* nicht nach Hamburg gehen, würde auch sie zu
dir kommen; ich könnte dann eventuell bei Apotheker V.
in Bedenbostel unterkommen. Wir sind ja dann auch für
Strohlager sehr dankbar. Von Jochen seit acht Wochen keine
Nachricht. Ich frage mich, ob dies alles noch einen Sinn hat,
wenn ich zu Allem auch noch ins Ungewisse flüchte.

Behalte lieb dein sehr trauriges
Evchen

* Verwandte aus Stettin

Gera, 29. 03. 1945

Liebste,

*Deinen sorgenvollen Brief vom 15. März erhielt ich bereits
gestern. Zunächst zu den Punkten, die dir am meisten Angst
machen: Als Soldat muss ich der Auffassung sein – und bin
es auch, dass der Russe nicht bis zur Weser oder bis zu uns
hier durchdringt. In Stadtoldendorf habt Ihr nach meiner
festen Überzeugung nicht mit russischer Besatzung zu rechnen. Darum dürft Ihr auch im allerungünstigsten Fall niemals die Stadt und unser Haus verlassen. Wenn sich das
halbe deutsche Volk auf die Flucht begeben würde, wäre eine
Hungerkatastrophe unausweichlich. Man darf sich darum
nicht von Wohnung und Vorräten trennen. Alle meine
Bekannten sind gleicher Meinung: Wer diesseits der Elbe
wohnt, auf keinen Fall fliehen!*

*Ich habe das Gefühl, Liebchen, dass du dich zu sehr aufregst.
Leg dir ein Buch auf den Nachttisch, wenn du nachts ins
Grübeln kommst. Die Worte von Paul Gerhardt sind kraft-
voll und tief empfunden. Im Gesangbuch ist sicher angege-
ben, wann er gelebt hat. Ich glaube, es war nach dem 30-jäh-
rigen Krieg, als auch solch furchtbare Not in Deutschland
war. Solche Worte geben Trost und Kraft.*

*Was machen denn unsere süßen Lütten? Hoffentlich wird
ihnen nicht das Herz schwer gemacht. Sollten Notzeiten
kommen, musst du ihren Appetit herabmindern, indem du
sie weniger lange und heftig draußen herumtoben lässt. –
Nochmals: Sollte der Feind zu euch durchstoßen, bleibt ruhig
und im Haus, Wohnung nicht verlassen, sofern nicht etwa-
ige Kämpfe ein vorübergehendes Ausweichen in die Wälder
erfordern; sonst Plünderungsgefahr! Wichtig vor allem: alle
Lebensmittel gut sichern und sorgfältig verstecken! Es gibt
eine Hungersnot, und die Vorräte sind das Allerwichtigste!!*

Und nun, mein Liebchen, sei Gott mit uns allen und behalte
uns unter seinem Schutz, damit wir uns irgendwann gesund
und unversehrt wiedersehen. Innigste Grüße an dich und
die lieben süßen Kinder – alle meine flehentlichen Wünsche
begleiten euch jeden Augenblick.

> *Immer*
> *dein Hans*

Bei dem Kirchenlied von Paul Gerhardt (1607–1667) wird es
sich um das Passionslied „Oh Haupt voll Blut und Wunden"
handeln, dessen Schlussverse lauten:

„Wenn ich einmal soll scheiden,
so scheide nicht von mir;
wenn ich den Tod soll leiden,
so tritt du dann herfür.
Wenn mir am allerbängsten
wird um das Herze sein,
so reiß mich aus den Ängsten
kraft deiner Angst und Pein.
Erscheine mir zum Schilde,
zum Trost in meinem Tod
und lass mich sehn dein Bilde
in deiner Kreuzesnot.
Da will ich nach dir blicken,
da will ich glaubensvoll
dich fest an mein Herz drücken;
wer so stirbt, der stirbt wohl."

Den ganzen Krieg über hat unsere Mutter es verstanden, ihre zunehmenden Sorgen und Ängste vor uns Kindern zu verbergen. Die Bombennächte in Stuttgart – ich erinnere mich genau – fand ich als Dreijährige riesig spannend, denn nie hat Mutter uns die eigene Angst gezeigt. Der nächtliche Alarm, das hastige Anziehen, das Geheul der herabjagenden Bomben, der gewaltige Rumms beim Einschlag, der flackernde Kerzenschein im nächtlichen Keller war für mich einfach ein interessantes Abenteuer, und ich verstand nicht, warum Mutter beim Einschlag jedes Mal zusammenzuckte. Zwei Jahre später im Haus der Großeltern war es ähnlich: Wenn Tiefflieger über das Dach rasten und meine Mutter mich bei ihrem „Tacktacktack" vom Fenster fortriss, habe ich niemals Angst empfunden. Auch von der bevorstehenden Invasion bei Kriegsende – zum Glück kamen „nur" die Amerikaner – verriet sie uns nichts. Erst als sie anfing, aus Wolldecken Hängematten zu nähen, wurden wir stutzig. „Wozu sind die?", fragten wir. „Ja, Kinder, es wird nun bald Frühling, und wir wollen mal zusammen im Wald übernachten, habt Ihr Lust?" Natürlich hatten wir und drängelten jeden Tag „wann geht's denn endlich los?" Sie vertröstete uns von Mal zu Mal, und auf einmal waren die Amis wirklich da, ganz ohne den befürchteten Häuserkampf, und das war für uns viel aufregender als jede Waldnacht in der Hängematte!

Seltsam – später haben wir niemals wieder von diesen Dingen gesprochen. Heute, da sie lange tot ist, würde ich ihr gerne danken für die selbstlose Tapferkeit, mit der sie und Millionen anderer junger Frauen jener Tage diese schweren Zeiten gemeistert haben.

Gera, 11.04.1945

Geliebte Edeltraud,

eben bin ich in Hain bei von D.s, um zu kondolieren und
mich gleichzeitig zu verabschieden. Es hat mich tief erschüt-
tert, dass nach Max nun auch Otto von D. sein junges
Leben hat opfern müssen in diesem sinnlosen Geschehen!
Die Eltern sind tief gebeugt. – Wir verlegen morgen Abend
mit LKW nach Süden, zunächst in den Raum von Plauen.
Vermutlich stößt der Amerikaner aber so schnell vor, dass
wir dort nicht mehr durchkommen. Dann müssen auch wir
den traurigen Weg in die Kriegsgefangenschaft antreten.
Wie lange du dann nichts von mir hörst, steht dahin; sicher-
lich jedoch ein halbes Jahr oder länger. Gebe Gott, dass Ihr
unversehrt bleibt und dass Ihr vor allem nicht verhungert!
Meine Gedanken sind jeden Augenblick bei euch. Ich ver-
traue auf den Allmächtigen, dass wir hier alle gut durch-
kommen, um unseren Familien erhalten zu bleiben. Das ist
unser tägliches Gebet!
Und nun, mein Liebchen, mit Gott und auf Wiedersehen. Dir
und den Kindern in heißer Liebe tausend gute Wünsche und
Grüße – immer
  dein Hans

Die letzte Nachricht, auf die Rückseite eines an meine
Mutter adressierten Briefes gekritzelt, lautet: „Hans wurde
nicht mehr verlegt, kam hier in Gera – wahrscheinlich ohne
Kampf – in Gefangenschaft. Herzliche Grüße
  Grethe von D."

Mein Vater sollte mit seiner Vermutung Recht behalten: Nach einem halben Jahr Gefangenschaft ließen ihn die Amerikaner laufen. Die Lagerzeit war human; es gab sogar jede Woche eine Zigarette, die er gegen eine Scheibe trockenes Brot eintauschte. Dennoch wog er gerade noch 100 Pfund, als unsere Mutter ihn am Heimkehrer-Zug abholte. Wir Kinder bekamen ihn kaum zu Gesicht, denn er lag vor Schwäche fast nur im Bett und wurde mit sieben Portionen Haferschleim am Tag mühsam wieder hochgepäppelt. Schaudernd erzählte Mutter von einer Szene, die sie am Zug beobachtet hatte: Eine Ehefrau hatte ihrem Heimkehrer ein Kochgeschirr voll Graupensuppe mitgebracht. Er schlang gierig ein paar Löffel Suppe herunter, erbrach sich, fraß, erbrach sich, fraß – sein entwöhnter Magen weigerte sich, solche Kraftnahrung bei sich zu behalten.

Dennoch: Nun war Frieden, und es ging bergauf. Die englische Militärregierung berief meinen Vater, der als unbelastet galt und nicht „entnazifiziert" werden musste, 1946 ans Landgericht Braunschweig. Da das Familienhaus in Trümmern lag, zogen wir aufs Land, ins Dörfchen Vechelde, 13 km vor der Stadt. Unsere neue Bleibe war – man kann es nicht anders sagen – für uns Kinder ein Paradies. Das Amtsgericht, ein Gebäude aus der Gründerzeit, beherbergte unten die Gerichtsräume und darüber eine Wohnung mit sieben Zimmern und einem langen, dunklen Flur. Dieses Reich teilten sich drei Familien mit insgesamt neun Personen; das einzige Klo befand sich im Treppenhaus. Bäder gab es nicht; man wusch sich in einer Zinkwanne in der Küche. Im Winter war das Wasser so kalt, dass Reni und ich öfter einen Brei aus Seife und Blumenerde ins Wasser kippten, damit es benutzt aussah. Die Nachkriegswinter waren grimmig kalt, alle Fenster von dicken Eiskristallen überzogen, und die Betten waren morgens steif vom gefrorenen Atem.

Heizmaterial war knapp. Leider hatte Vater unserer Mutter

verboten, zum Kohlenklauen an den Bahnhof zu gehen, wo sich allnächtlich das ganze Dorf versammelte, um rangierende Kohlenzüge zu plündern. So mussten wir Kinder jeden Tag Holz sammeln, und Mutter stopfte zehn Stunden einen uralten Anzug, für den sie ein Fuder Torf eintauschte. Uns Kinder hat der Mangel wenig gestört; in Sandalen aus Gummireifen und Kleidern aus Bettwäsche oder Uniformresten eroberten wir den riesigen Garten und den verwilderten Park, der von Wassergräben umgeben war. Denn dort, wo nun das Amtsgericht stand – anfangs noch mit Gefängnis und „echten" Ganoven, die manchmal randalierten – lag früher ein Lustschloss. Herzog Ferdinand von Braunschweig (1721–1792), ein berühmter Heerführer des Siebenjährigen Krieges und Schwager von Friedrich dem Großen, hatte es sich hier am Flüsschen Aue gebaut. Das Schloss brannte irgendwann ab; erhalten blieb das wunderschöne Rokoko-Tor mit dem geschwungenen „F" in der Mitte und die breite Auffahrt mit einer Doppelreihe wunderbar süß duftender Akazien. Aber das Schönste war die romantisch verwilderte Gartenanlage mit dem herrlichen Park. Es gab für uns Kinder viel zu entdecken: ein düsteres Linden-Oval, in dessen Mitte Ferdinands Sarkophag gestanden hatte, ein Buchsbaumrondell mit Sonnenuhr aus der Rokoko-Zeit, lauschige Holz-Pavillons, in denen wir Verstecken spielten, und ein pompöses Grabmal für einen jungen Selbstmörder, der sich im „Werther-Fieber" erschossen hatte. Im anschließenden Park, der im Laufe der Jahrhunderte zu einem Walddickicht geworden war, entdeckten wir eine Rokoko-Statue, die wohl den „Raub der Sabinerinnen" darstellte. Auf dem gewaltigen Körper des Räubers, der zwei halbnackte Mädchen mit sich schleppte, kletterten wir herum – Kunst für Kinder – mal ganz anders.

Das Buchsbaum-Rondell in der Garten-Mitte war Schauplatz unseres Lieblingsspiels, es hieß: „Die Russen kommen!" Auf diesen Schreckensruf hin stopften wir Puppenmütter unsere „Kinder" in die Puppenwagen und kurvten in wilder Fahrt ums Rondell, während einer unserer Freunde „Russe" spielte und uns jagte.

Wenn wir etwas ausgefressen hatten, flüchteten wir uns zu Lisbeth, unserem rothaarigen, 17jährigen Dienstmädchen. Sie trocknete in ihrem Dachstübchen die Stiefel, mit denen Reni ins Wasser gefallen war, flickte heimlich zerrissene Kleider, und zur Sperrstunde abends um fünf – dann fiel aus Strommangel das Licht aus und man konnte nichts tun, außer schwätzen – sorgte sie so gründlich für „Aufklärung", dass mir absolut nichts Menschliches verborgen blieb. Davon ahnten die Eltern natürlich nichts. Ihre Erziehung betraf sozusagen die „höhere Ebene". Regelmäßiges Klavierüben war erwünscht, zumal unsere Etagen-Nachbarn uns ihren „Blüthner"-Flügel aus Platzmangel überlassen hatten. Damals erfuhr ich erstmals etwas über Depressionen, ohne je das Wort zu hören. Denn Frau D., die Besitzerin des herrlichen Instruments, hatte beide Söhne im Krieg verloren und ging durch ihr Nachkriegsleben wie ein Körper, der seine Seele und seine Sprache verloren hatte.

Dass wir regelmäßig Beeren und Fallobst sammeln, Futter für Kaninchen und Gänse suchen und im Garten arbeiten mussten, war selbstverständlich; alle Kinder lebten so. Wie stolz waren wir, als wir einen ganzen Zentner Bucheckern gesammelt hatten, für den Mutter einen Liter Öl eintauschen konnte!

Eine Erziehungsmaßnahme meines Vaters aus dieser Zeit ist mir unvergesslich. Szene: Ich, etwa neun Jahre, komme vom Spielen zum Mittagessen. Alle sitzen am Tisch und warten. Papi fragt:" Hast du dir die Hände gewaschen?" Ich: „Ja." Er nimmt meine rechte Hand, dreht sie um und schnuppert daran. Natürlich riecht sie wie dreckige Kinderpfote! Er lässt die Hand fallen und sieht mich schweigend an, mit einem Blick so voller

Trauer und Enttäuschung, dass mir die Knie weich werden. Keine Strafe folgte, aber sein Schweigen war Lehre und Strafe zugleich.

Das Ende der Nachkriegszeit war für uns mit dem Wiederaufbau des großelterlichen Hauses in Braunschweig gekommen. Irgendwann wurde der erste „Käfer" angeschafft und die erste Italienreise gebucht – leider ohne uns Kinder. Wir veranstalteten dafür in Abwesenheit der Eltern „Slumber-Parties", deren Hauptgesprächsstoff die begehrten Jungs der Stadt bildeten. Und irgendwann kam auch mein Vater auf die Idee, er müsse mir nun „Aufklärung" angedeihen lassen. Bei einem Spaziergang im Park fielen dann seine unvergesslichen Worte zu diesem heißen Thema: „Tja, Marlis, mit der Erotik ist das so 'ne Sache ..." Ich wartete gespannt auf Weiteres, aber das war's schon. Es hat mich damals schon verwundert – aber wie viel mehr heute, da ich seine vielen zärtlichen Liebesbriefe an meine Mutter kenne. Hatte er vergessen, was Liebe sein kann, war das Gefühl in den harten Jahren, die hinter ihm lagen, ganz still verloren gegangen?

Beruflich ging es mit ihm stetig bergauf. Er wurde Richter am Oberlandesgericht, später Senatspräsident und hatte 1952 die Ehre, als Sachverständiger für Militärstrafrecht nach Paris berufen zu werden, wo die EVG (Vorgängerin der heutigen NATO) gegründet werden sollte. Dort traf er General Hans Speidel wieder, seinen alten Chef und Freund, der mit ihm in Russland an der heimlichen Verschwörung der Aufrechten teilgenommen hatte. Beiden war das Schicksal gnädig; sie hatten überlebt und durften nun neu gestalten, was Hitlers Terrorherrschaft denunziert und zerschlagen hatte.

Neun Jahre nach Vaters Tod, im Jahr der Wende 1989, starb auch unsere Mutter. Meine Schwester und ich räumten die

Urlaub im Süden: Unser Vater 1977

Tante Hedes 90. Geburtstag 1986.
Mitte: Nichte Marlis und ein Verwandter

Die Eltern ein halbes Jahr vor dem Tod unseres Vaters im April 1981

elterliche Wohnung leer; der riesige Bücherschrank mit den schweren Glastüren, das wuchtige geschnitzte Esszimmer, die bauchigen Sessel – alles wanderte zum Altwarenhändler, der Rest auf die Straße. Im Keller fand ich zwischen Abgelegtem und Überflüssigem aus vielen Jahren einen sorgsam verschnürten Schuhkarton. Er enthielt, akkurat nach Jahrgängen gebündelt, die 170 Feldpostbriefe meines Vaters. Daneben ein Zettel mit der Handschrift meiner Mutter: „Aufgehoben für Marlis". Es klang wie eine Verpflichtung.

– E N D E –

Paul Gerhand 132,

Speidel 128